SER TOCADO
POR EL REY

7 vías para que recibas sanación

Miguel Horacio

1era edición

Miguel Horacio

Ser Tocado por El Rey
7 vías para que recibas sanación
© 2019 Miguel Horacio Todos los derechos reservados.

CONTENTS

Procesos de demonización
5 formas comunes en que las personas atraen demonios
3 niveles de demonización
Testimonios de sanación de influencias demoníacas
Cómo sanar de influencias demoníacas

VI.   Sanación física

Ejemplos en la Biblia:

- Sanación del leproso que vino a Jesús
- Sanación de un paralítico de nacimiento

Sanando toda enfermedad y a todos los enfermos
¿Por qué algunas personas no sanan?
Testimonios de Sanación física
Cómo sanar fisicamente

VII.   Sanación moribundos y resurrecciones

Ejemplos en la Biblia:

- Sanación del criado de un oficial romano
- Sanación de Eutico, joven que
se cae de un tercer piso

La muerte como enemigo
Cómo Jesús venció la muerte
No era su tiempo para morir
Señor, ¿qué quieres hacer en esta persona?
Vivir bien, amar bien, para bien morir

Testimonios de Sanación de moribundos
Cómo orar por personas ya muertas

PRÓLOGO

Miguel Horacio es un laico comprometido en "la evangelización con Poder del Espíritu Santo", siguiendo las enseñanzas y el ejemplo del P. Emiliano Tardif. Conozco su familia. Está casado con Mitzy y tienen dos hijos, Mario Miguel y Gabriel Horacio. Miguel Horacio muchas veces se ausenta de su casa para servir a la Iglesia en retiros, cursos y congresos en distintos países y a distintas cantidades de personas, desde grupos pequeños para formación hasta multitudes en la predicación. Le conozco hace años y su constancia en el servicio evangelizador ha sido ejercitando el ministerio de sanación, como parte de la misma evangelizacion.

Ya había hablado con él y muchos otros, sobre la importancia de una mirada más integral hacia el ministerio de sanación que Jesús dejó a la Iglesia. En algunos ambientes el enfoque ha podido ser más en la sanación interior que en la física, o en la sanación espiritual más que en la sanación de las relaciones interpersonales, o un mayor énfasis en la sanación de enfermedades causadas por espíritus malos; pero en realidad todas estas sanaciones y otras, son parte de un todo y a esto le llamamos Sanación Integral.

La Sanación Integral que Jesús inaugura en Su Iglesia es como un manantial de Agua que se riega en las distintas áreas de la vida. Las áreas de la vida humana que necesitan sanación no están separadas una de otra, están interconectadas. Para Jesús es importante todo nuestro ser, toda nuestra vida. Nos vino a sanar de la enfermedad del pecado, a dar salud al enfermo del cuerpo, a restaurar relaciones interpersonales-sicológicas y hasta resucitar muertos.

Este libro de Miguel Horacio es un aporte al Ministerio de Sanación Integral. Cada capítulo está dedicado a una de estas áreas. Nos comparte además abundantes testimonios que nos dan luz y a la misma vez animan nuestra fe. Cada capítulo sirve como práctica personal y formación, crecimiento espiritual.

Es una alegría para mí presentarles este libro que lleva por título Ser Tocado por el Rey en el que el autor nos comparte 7 vías o áreas en las que podemos recibir sanación. Espero que este libro sea para cada lector no solo una fuente de aprendizaje sino también de sanación.

Monseñor Ramón B. De La Rosa y Carpio
Arzobispo Emerito

INTRODUCCIÓN

El toque del Rey es sanador

En el sistema de gobierno anterior a la Revolución Francesa, tanto en Francia como en Inglaterra existía la creencia de que cuando alguien era coronado rey, recibía el poder para curar algunas enfermedades. La gente le llamaba Royal Touch o en español, el Toque Real o el Toque del Rey. Esta práctica variaba según el país y las épocas, pero se mantenía la creencia de que el rey podía tocar y curar a sus súbditos de algunas enfermedades.

Por alguna razón, los reyes franceses lo hacían con mayor frecuencia que los reyes de Inglaterra. Muchas personas recibían sanación en estas ceremonias especiales que se realizaban para que el rey tocase a algunos enfermos, pero no creo que estas sanaciones sucedieran por 'algún poder' en los reyes, sino por la fe humilde del pueblo en el Rey detrás de todo reinado. Jesús es el verdadero Rey.

La práctica medieval del Toque del Rey estaba fundamentada en la fe, aunque en ocasiones esto fue manipulado políticamente y desvirtuado de la fe original en que un rey ungido por Dios tenía la capacidad de curar algunas enfermedades. Esto no quita la realidad que hay detrás: Dios nos envió a Su Hijo Jesús, Rey Poderoso, a tocarnos con Su Salvación. Jesús sí que es el Rey ungido por el Padre y Él tiene el Poder de curar todos los males de la humanidad y no solo algunas enfermedades.

De esto trata este libro, se trata del Toque del Rey Jesús. La sanación que Él viene a brindar a los que se le acercan con fe. Él extiende Su Misericordia Sanadora y les toca con Su Poder. La sanación de Jesús alcanza las distintas áreas de la vida humana. La sanación de Jesús llega a el espíritu, a nuestro interior, a nuestro cuerpo, toca nuestra relaciones y ambientes, aleja a los demonios y anula a la muerte.

Antes de embarcarnos en esta aventura, quiero aclarar que, Jesús nunca vio al ser humano o a la persona dividida o separada en estas áreas que abordaremos (espiritual, física, interior, relaciones, etc). Jesús siempre ve al ser humano como una persona entera y nos vino a salvar completos. Realmente, no hay un área más importante que otra. Jesús vino como representante del Padre y todo padre o madre se interesa por todas las áreas de la vida de sus hijos.

Todas estas áreas: espiritual, física, relacional, interior, ambiental, etc. son como fuentes que se comunican una con otra y que también se enriquecen una a la otra. No están separadas, es decir, el ser humano no está separado como un edificio con departamentos. No estamos 'compartimentalizados'. Él es el Dulce Dueño de todo el edificio, no de uno o dos departamentos separados.

Jesús dijo: "¿No se venden dos pajarillos por una monedita? Sin embargo, ni uno de ellos cae a tierra sin que el Padre de ustedes lo permita. En cuanto a ustedes, hasta los cabellos de la cabeza Él los tiene contados uno por uno. Así que no tengan miedo: ustedes valen más que muchos pajarillos". (Mt 10, 29-31)

Un pajarillo, según Jesús, no cae al suelo sin que el Padre Dios lo sepa. Hace una comparación entre un pajarito y nuestros cabellos. Diciéndonos que del mismo modo Él, Dios Padre, está pendiente de los cabellos de nuestra cabeza y está al tanto de cada cabello de nuestra cabeza. Quien tiene hijos o hijas sabe cómo uno está pendiente de todo lo concerniente a uno de ellos. Esto no es una exageración, esto es amor verdadero. Un Dios pendiente hasta de lo que parece insignificante en nuestra vida. Un Dios pendiente de lo temporal y pasajero, hasta de los cabellos. (Yo soy calvo y soy testigo de lo pasajero que son los cabellos).

Estas áreas o dimensiones en las cuales están divididos los capítulos de este libro las usamos como una explicación lógica de lo que el Señor quiere hacer con Sus hijos e hijas, esto es: devolvernos o llevarnos a una sanación completa o integral, a aquel estado de salud que tuvo la humanidad en los inicios de la creación.

Todo el que se acercó a Jesús
con fe, fue sanado

Cuando digo en prédicas la frase: Todo el que se acercó a Jesús con fe, fue curado. Mucha gente se alarma. Como estoy de frente a la gente les noto la cara de susto. Algunas personas se asustan con la verdad. Yo no digo que todos los enfermos de la época de Jesús fueron sanados pero sí me atrevo a decir que todos los que se acercaron con fe al Rey Jesús fueron sanados.

Unos fueron sanados físicamente, otros espiritualmente, o internamente, etc, pero todos recibieron alguna bendición del Rey. Lo mejor de esto es que hoy sigue siendo igual. Jesús no ha cambiado. Su Poder sigue siendo el mismo. Su Misericordia es nueva cada mañana.

Te aseguro que al leer este libro vas a ser sanado en alguna de las áreas que explico aquí. Pero es necesario que conectes con la realidad de que para ser sanado tienes que:
1. Querer ser sanado y
2. Dar los pasos de fe necesarios para colaborar con la acción de Dios.

He perdido la cuenta de la cantidad de sanaciones que he visto. Soy testigo del Amoroso Poder de Dios sanando al que sufre. Pero también he sido testigo de la cantidad de personas que están cerradas o bloqueadas a ser sanadas por Dios. En ocasiones, están abiertos a recibir sanación o terapia a través de médicos, psicólogos y hasta brujos, pero cuando se les plantea la Realidad con mayúscula de someterse en fe y dar pasos concretos para recibir sanación de parte de Dios, muchas personas se cierran o justifican su sufrimiento.

En ocasiones, Jesús hacía preguntas chocantes a los enfermos o sufrientes que tenía en frente, como por ejemplo cuando le preguntó a un ciego: "¿Qué quieres que haga por ti?" (Mc 10,5)

¿Acaso no era obvio que el ciego querría ver?" ¡No!, no es lógico, quizás el ciego no quería ver. Quizás alguien ciego no quiera volver a responsabilizarse de su vida y seguir como un no vidente podría parecerle más cómodo. Jesús quería saber si aquel ciego quería ser curado y por eso le pregunta.

En otra ocasión Jesús pregunta: "¿Quieres recobrar la salud?" (Jn 5,6) Aparentemente la respuesta es obvia. Pero esto varía en cada persona. Cada persona sabrá lo que tiene que enfrentar en su propia vida. Algunas personas se esconden con o sin razón detrás de enfermedades, situaciones, heridas y problemas.

Este es un libro que te inyectará fe en Jesús. También te ayudará a conectar con Su Reino, con Su Amoroso Poder. Aunque te advierto que esto requiere tu colaboración. Siempre requerirá que te pongas de acuerdo con Él y le permitas actuar en ti. En ocasiones, a medida que avances en el libro irás encontrando momentos para orar y momentos para actuar en fe. Sigue las recomendaciones y escucha al Espíritu Santo. No todo te lo diré yo. Él te hablará mientras leas y recibirás bendición en la medida que obedezcas Su Voz. ¡Nada es imposible para el que Cree en Jesús! Su Amor es Real.

Shalom

Jesús y los judíos han usado la palabra y concepto *Shalom*. Con los lentes de Jesús, esta palabra o concepto tiene un significado poderoso. *Shalom* en ocasiones lo hemos limitado a paz, pero *Shalom* es más que paz: es prosperidad, salud mental y física, armonía en las relaciones, y seguridad o protección.

Comenzando por Adán y Eva, en la Palabra de Dios, vemos a la humanidad con una relación con Dios herida. Y si esta relación primordial y fuente de todo está mal, nos lleva a una mala relación con nosotros mismos, con los demás y con la creación misma. Esta 'maldición', el caos que ocasiona la condición de pecado engendró las enfermedades, abrió una puerta a ataque de demonios y le dio la bienvenida a la muerte. En la Palabra de Dios, también vemos, la Restauración que vino a traer Jesús. El Rey Mesías vino con Poder a reconciliarnos con Dios y a proveer el camino para reconciliarnos los unos con los otros. La muerte y resurrección de Jesús rompe la 'maldición' sobre la humanidad y abre una fuente inagotable de perdón, sanación, libertad y vida eterna.

Shalom es el Reino de Dios sobre la humanidad. *Shalom* es el Poder de Dios sobre toda la persona, sobre y dentro de todas las áreas de la vida. Es el Señor poniendo orden y bienestar, lo que es opuesto a desintegración, caos y destrucción.

La palabra enfermo viene del latín 'infirmus'. Literalmente esto significa 'no firme'. Falto de solidez y salud. Falta de firmeza. Si esto lo vemos con los lentes de Jesús, la enfermedad es falta de la Presencia del Rey que da Shalom. Su Presencia brinda la firmeza que restaura, da la salud y la reconciliación con el Padre y los demás, nos pone en correcta relación con la naturaleza.

Esta falta de firmeza o abstracción de estabilidad en el cuerpo o en todo lo que envuelve o forma al ser humano es consecuencia del desobedecer a Dios: "Así pues, por medio de un solo hombre entró el pecado en el mundo y por el pecado entró la muerte, y así la muerte pasó a todos porque todos pecaron". (Rom 5,12) Queda clarísimo que la muerte es un intruso en la humanidad, y de la misma forma la enfermedad, no era parte del plan de Dios para nosotros. Ni la muerte ni la enfermedad son el estado natural de la humanidad. Por ello las rechazamos. Estamos hechos para la salud y para vivir eternamente.

La enfermedad es la antesala de la muerte, pelea contra nosotros y contra nuestro mundo. Por ende la enfermedad es una responsabilidad humana, que nos afecta a nosotros (la humanidad) y a la creación que nos acoge. Entonces, a nosotros nos toca, con la ayuda de Dios enfrentarla para erradicarla en todas sus áreas. A la humanidad le toca usar todos los medios, ya sean medios científicos o espirituales para erradicar las enfermedades que nos quieren acortar la vida.

La Sanación es Shalom. Sanación es experimentar el Reinado de Jesús o el orden de Jesús en todas las áreas de nuestra vida. Esta sanación puede darse como un evento automático o un proceso de restauración. La palabra usada en el Nuevo Testamento que arropa el Shalom de la mentalidad bíblica Judía es la palabra salvación. La Salvación es la obra de Dios salvándonos a nosotros y a la creación del pecado y sus consecuencias (la enfermedad, los demonios y la muerte). Esta salvación/sanación viene a nosotros a través de la muerte y resurrección de Jesús, en el Poder del Espíritu Santo.

En la Palabra de Dios no se define la sanación/salvación. Aprendemos sobre enfermedades, males y sanación a través de las historias que en ella encontramos. En la Biblia no encontraremos un estudio analítico ni sistemático sobre enfermedades y males ni cómo sanarlos. Usaré a lo largo del libro historias encontradas en la Palabra de Dios que nos servirán de referencia. Aplicando los principios dentro de estas sanaciones podemos tú y yo recibir sanación en cualquiera de las áreas enfermas de nuestra vida.

También contaré testimonios de personas que han recibido el toque sanador del Rey Jesús en nuestro servicio, ya sea en retiros, congresos o recibiendo ministerio cara a cara. Esto para mostrar cómo Jesús interviene en las distintas áreas de nuestra vida y para explicar de una forma entendible para todos, una vía sencilla de obtener sanación.

Aunque tengo muy buenos amigos que son teólogos, yo no lo soy. Escribo desde una perspectiva práctica. Desde la experiencia de años orando por los que sufren. Mi intención no es ser simplista ni superficial en cada área, me atrevería a decir que cada una de ellas podría ser un libro amplio y completo. Mi intención es que al leer estos capítulos te identifiques con lo que necesitas y puedas recibir del Rey lo que te haga falta.

Termino esta introducción con el saludo de San Juan: "Querido hermano, pido a Dios que, así como te va bien espiritualmente, te vaya bien en todo y tengas buena salud" (3 Jn 2)

¡Shalom, que el Rey Jesús toque toda tu vida!

CAPÍTULO 1
SANACIÓN DEL
ESPÍRITU

Ejemplos en la Biblia

La 'historia' de Adán y Eva (Génesis 3, 1-24)

Nunca tendremos una historia bíblica que ilustre mejor lo que es enfermarse espiritualmente hasta morir, como lo ejemplifica la historia de Adán y Eva. Es el modelo de toda tentación, pecado y enfermedad en el espíritu. Este relato nos muestra varios elementos que llevan al ser humano a la muerte espiritual.

Adán y Eva fueron creados por Dios. Creados a imagen y semejanza de Dios. Creados para tener familiaridad, contacto y asociación con Dios para todo. Creados para depender de Dios y colaborar con Dios no sólo en lo espiritual, sino también en las demás áreas de la vida. Junto con Dios nombraban las cosas y dominaban sobre todo lo creado.

Durante el día Adán y Eva supervisaban el Jardín de Dios y al caer la tarde; gracias a la pureza, estabilidad y conectividad que tenían con Dios, ellos tenían, todas las tardes una reunión audio-visual con el Creador. Es decir que en aquel entonces, no era nada difícil ni ver, ni escuchar a Dios. Ellos disfrutaban de la Presencia de Dios justo antes de cada noche, como diciéndonos que antes de enfrentar la oscuridad natural, había que reconectar con aquel que dijo: "Hágase la Luz". La paz, la plenitud y la salud tanto espiritual como física que gozaban Adán y Eva es en realidad el 'Cielo en la tierra'. El Shalom de Dios. Unión con Dios, unión entre ellos y unión efectiva con toda la creación.

Aparece en escena la serpiente y pone nuevas ideas en Adán y Eva. Ideas que les hacen dudar de lo dicho por Dios. "...pero es que si comen del árbol del conocimiento del bien y del mal realmente no morirán...lo que ocurrirá es que se les abrirán los ojos y serán como dioses, es decir serán como Él. Conocerán el bien y el mal". Dios nunca quiso que Adán y Eva fueran ignorantes del bien y del mal, lo que Dios quería era seguir reuniéndose cada tarde con ellos y que junto a Dios, en el tiempo de Dios ir mostrándoles el bien y por ende así ellos diferenciar, el bien del mal. Pero la tentación siempre cuestiona la Palabra de Dios, siempre intenta complicarla y excitar nuestra capacidad sensorial. ("Ellos vieron que el fruto era hermoso, y le dieron ganas de comerlo...v.6) además esto les infló el orgullo (y llegar a entenderlo todo v.6) para ser como Dios.

Que distinta hubiese sido la historia si Adán y Eva si hubiesen esperado 'la reunión de la tarde' y le hubieran contado a Dios las ideas de la serpiente. De seguro, el Señor Dios les hubiese dirigido de nuevo hacia la serpiente y juntos, asociados, conectados Adán y Eva con Dios hubiesen expulsado a la serpiente del Jardín de Dios.

Ser tentado es ser engañados por nuestros sentidos y apetitos. Es orgullosamente poner nuestra sensibilidad por encima de Dios. Es decir que lo que yo sé o lo que yo conozco es más valioso que lo que propone o dice Dios. Lo que Él sabe, lo que Él conoce es inferior a lo que yo quiero, siento y pienso. Pecar es ponerse de acuerdo con la tentación, no resistir y decidir actuar en desobediencia a Dios y a Su Palabra. No creerle a Dios, no confiarme a Dios, rompe mi conectividad con Él. El pecado rechaza la Superioridad de Dios y me hace creer superior. Detrás de cada pecado, lo sepamos o no, está el engaño de que 'yo soy dios', 'yo soy el que sabe'.

Esto nos mata, como dice: "De estos malos deseos nace el pecado; y del pecado, cuando llega a su completo desarrollo, nace la muerte." (Sant 1,15). La muerte de Adán y Eva fue primordialmente espiritual, luego afectó sus mentalidades y emociones, luego comenzaron los problemas entre ellos, ya la relación entre Adán y Eva no era igual; además ahora la naturaleza también estaba herida porque ellos, sus supervisores, la desconectaron de su creador. Todo esto afectó también el cuerpo de Adán y Eva hasta tal punto que en la muerte, el espíritu deja el cuerpo humano y entonces muere.

El pecado abrió los ojos de Adán y Eva, pero no a ver lo que ellos mal creyeron que iban a ver. Ahora ellos vivían en una realidad de desorden y dolor de todo tipo y de toda clase. Ellos comenzaron realmente a experimentar cosas nuevas, experiencias muy malas (no todo lo nuevo es bueno):

a) Adán y Eva comenzaron a experimentar vergüenza. Pero ¿vergüenza de quién? ¿Vergüenza de qué? ¿No eran ellos los únicos? ¿No se conocían ya desnudos? ¿Acaso Dios no les conocía? La vergüenza es signo de falta de identidad. Adán y Eva antes se identificaban totalmente con Dios ahora tienen vergüenza.

c) Adán y Eva comienzan a desarrollar ideas o técnicas para cubrir sus pecados (o errores, algunas personas prefieren llamarle errores a sus pecados). Ellos inventan una ropa de hojas de Higuera para cubrirse la desnudez. Hoy día inventamos de todo y le huímos al reconocer y pedir perdón.

d) Adán y Eva antes se reunían cada tarde, sin ningún problema, con Dios. Pero ahora, le tienen miedo y se esconden de Dios. Desde entonces existe el gran engaño de no enfrentar los miedos.

e) En Adán y Eva brota la culpabilidad y la acusación cuando son confrontados en la Presencia de Dios con su pecado, en vez de reconocerlo humildemente. Primero se acusan mutuamente, luego acusan a Dios por permitir a la serpiente estar en el jardín. Desde entonces se usa la antigua excusa de que la culpa siempre la tiene otra persona.

f) Adán y Eva fueron expulsados del Jardín del Edén y fuera del Jardín donde no reina Dios, la tierra es dura y vengativa ante el descuido de sus supervisores. Ahora la tierra espera la manifestación de los verdaderos hijos de Dios, conectados a Dios (Rom 8,19).

g) Adán y Eva ahora viven los efectos de la enfermedad o muerte espiritual. Esto se resume en los versículos 16-19: Una enemistad creciente entre la humanidad y Satanás, dependencia y manipulación del uno al otro, dolor físico al parir hijos, sudor y/o complicaciones en el trabajo y la supervivencia, muerte física.

Entonces ¿Cómo responde Dios a la enfermedad del espíritu y a la muerte del espíritu? Pues de la siguiente manera:

a) Dios responde con Misericordia buscando y llamando a Adán y Eva. Ellos se esconden avergonzados y Dios les busca. Dios no se avergüenza de ellos. El Señor nuestro Dios sigue haciendo esto con todo hombre y mujer: Dios busca.

b) Dios responde con preguntas para llevar a Adán y a Eva a responsabilizarse de su error o más bien ayudarles a reconocerse pecadores. Dios no acusa con ira, pregunta con acertividad. "¿Y quién te ha dicho que estás desnudo? ¿Has comido del árbol que te dije que no comieras? ¿Por qué lo hiciste?" (Gen 3,11.13)

c) Dios responde brindando un sacrificio de sangre para perdonar los pecados de Adán y Eva. Dios les quita la 'ropa de hojas perecederas' y les da piel duradera para ayudarles a cubrir su 'desnudez'. Todo esto es un avance de lo que ocurriría: La venida del "Cordero de Dios que quita el pecado del mundo" (Jn 1,29)

d) Dios responde anunciando lo que le ocurrirá a la serpiente a través de la descendencia perdonada de Adán y Eva: A la serpiente se le aplastará la cabeza (que es de donde surgen las ideas) y acabará de una vez por todas sus ideas tentadoras y sus mordidas dolorosas (Gen 3,15).

e) Dios responde impidiendo que esta 'enfermedad espiritual' se eternice. "Por eso Dios el Señor sacó al hombre del jardín de Edén..." (Gen 3,23) "No vaya también a comer del fruto de la vida y viva para siempre". (Gen 3, 22). Lo que Dios evitó es que esta condición fuese eterna.

Ahora, gracias a Jesús, se rompe con esto y recuperamos la eternidad original de la condición humana dada por Dios. Ahora recibimos perdón y vida eterna gracias al fruto de Jesús en el árbol de la cruz.

La historia de los reyes Saúl y David

Estos dos hombres fueron elegidos entre otros y ungidos para ser reyes de Israel. Los dos tenían una relación con Dios (espiritualidad sana) y luego los dos se 'enfermaron espiritualmente' cuando desobedecieron al Señor. Uno de los dos nunca se recupera de su enfermedad. En Saúl esta enfermedad en el espíritu avanza tanto que lo lleva a la muerte total. David es sanado. David sí recupera su relación con Dios.

Veamos cómo sucedió todo esto y cómo Dios les respondió:

a) **Espiritualidad sana**: Cuando Dios hizo rey a Saúl, derramó Su Espíritu sobre él y Saúl comenzó a profetizar, convirtiéndose en un canal de Dios, alguien a través de quien Dios podía actuar. (1 Sam 10,10-11). La palabra de Dios describe a David como alguien con un 'corazón según Dios', alguien íntimo con Dios, cercano a Dios desde jovencito.

b) **Tentación y pecado**: Saúl comenzó a enfermarse en su espíritu cuando realizó un sacrificio al Señor; pero no quiso esperar al profeta Samuel. Esto indicaba cómo Saúl ya presumía de su capacidad y 'sentía' que ya no necesitaba a alguien como Samuel a su lado (1 Sam 13). Más adelante; Dios le pide a Saúl que en una de las batallas destruya todo y a todos los Amalecitas, como signo de que no necesitaban nada que viniera del reino enemigo. Pero Saúl fue tentado 'a solo destruir lo que él consideraba inútil' y se guardó algunas cositas. (1 Sam 15).

A David le empezó su enfermedad espiritual por otra vía. David comenzó a enfermarse en su espíritu cuando 'se quedó mirando a una mujer bañándose'; era la esposa de uno de sus amigos y además David debía estar en la guerra y no fue, la miró mientras estaba vagueando en su casa. David deseó estar con esta mujer y entró en una relación de adulterio. Luego; al enterarse de que ella quedó embarazada, hizo toda una estrategia para encubrir su pecado; hasta llegar al extremo de buscar la forma de que en la guerra el esposo de ella muriera. Todo esto desencadenó en la familia de David una serie de engaños y destrucción entre sus hijos y las demás generaciones familiares. (2 Sam 12,11-12). Uno de los hijos de David violó sexualmente a su hermana. (2 Sam 13,1). El pecado del rey David introdujo enfermedad emocional, mental, espiritual y física en su vida y su familia. En algunos de los salmos David hablaba de 'dolor en los huesos'.

c) **Dios responde a los reyes, confrontando su pecado**: Dios revela a sus profetas lo que hicieron Saúl y David. Ellos, los profetas, confrontan a los reyes. Nada es invisible al Señor y la manera de Dios es que lo reconozcamos para poder lidiar con ello. En ocasiones Dios usa como canales de su perdón a otras personas, para que se nos quite el orgullo. Con Saúl, la confrontación fue inmediata y clara (1 Sam 15,10-14). Con David fue después de varios días, cuando estaba tocando fondo. (2 Sam 12,1).

d) **Los reyes responden a Dios**: Saúl no se hace responsable de lo que hizo. Cuando Samuel lo confronta, en nombre del Señor, Saúl miente: "ya hice lo que Dios pidió" (1 Sam 15,13) y culpó a los soldados de haberse quedado con lo mejor: "ellos quisieron conservar las mejores ovejas" (1 Sam 15,15) además quiso presumir de que el permitió que se quedaran con los mejores toros, para luego darlos en sacrificio al Señor. Saúl se baja un poco cuando Samuel le comunica que Dios rechaza la desobediencia (1 Sam 15, 24): "Sí he pecado, pues pasé por alto la orden del Señor". Aparentemente el arrepentimiento de Saúl fue falso, pues nunca en su vida cambió de actitud ni conducta. David, cuando el profeta lo confronta, inmediatamente acepta su pecado: "He pecado contra Dios" (2 Sam 12,1-14). Con lágrimas y corazón arrepentido pedía al Señor perdón, misericordia y que le devolviera la salud espiritual. En esta época escribe el salmo 51.

e) **El resultado**: Saúl es atacado por espíritus malos (1 Sam 16,14) como resultado de la ausencia de la Presencia de Dios en su vida. La vida de Saúl es inestable, sin seguridad; se convierte en un hombre nervioso, odioso y peleonero. Intenta matar a David varias veces; se arrepiente, pero luego lo vuelve a intentar (1 Sam 18, 6-11 y 1 Sam 19-26). Sus arrepentimientos no son estables. Saúl se aleja de Dios y consulta a una bruja (1 Sam 28). Derrotado y humillado termina suicidándose. (1 Sam 31). David, en cambio, recibe el perdón de Dios y asume cualquier consecuencia. Sigue buscando la Presencia de Dios y se abre a ser sanado en todas las áreas de su vida. Esto lo podemos ver en el salmo 51:

- David pide a Dios un espíritu nuevo y fiel (v.10)
- David pide a Dios una nueva mentalidad (v.14) y emocionalidad (v.8,12)
- David pide sanación física (v.8) pues decía estar quebrantado.
- David pide sanación en sus relaciones y seguridad para los demás (v.13,18)

Somos seres espirituales

El ser humano, creyente o ateo, es espiritual. Una persona puede tener su espíritu enfermo y ser creyente. También puede uno encontrar en la vida a alguien ateo y que esta persona tenga en su vida cierta espiritualidad, aunque esta espiritualidad no produzca vida. Tener el espíritu enfermo es lo mismo que decir que la espiritualidad que vive esa persona es una espiritualidad enferma.

Lo que nos diferencia del resto de los demás seres vivos es que nosotros somos hechos a la imagen y semejanza de Dios. Nosotros somos espíritus en cuerpos. Somos seres espirituales.

La humanidad tiene capacidad espiritual, es decir, el ser humano se puede relacionar con Dios y con otros seres espirituales. Esto también nos da la capacidad de tomar decisiones (lo que llamamos voluntad) así como también el poder distinguir lo bueno, de lo malo (discernimiento).

El espíritu es fundamental y poderoso. Es el área que más afecta las demás áreas de nuestra persona. Es necesario sanar nuestra espiritualidad para realmente vivir lo que Dios planificó desde siempre para la humanidad.

Veamos lo que dice la Palabra de Dios sobre nuestro espíritu:

a) El espíritu humano viene del Espíritu de Dios: "Entonces Dios el Señor formó al hombre de la tierra misma, y sopló en su nariz y le dio vida. Así el hombre se convirtió en un ser viviente". (Gen 2,7).

b) Nuestro espíritu es luz de Dios en nosotros, lo que algunos llaman la consciencia: "El espíritu que Dios ha dado al hombre es luz que alumbra lo más profundo de su ser". (Prov 20,21).

c) Nuestro espíritu es relacional, nos une o nos separa de Dios. "...si lo comes, ciertamente morirás" (Gen 2,17b) Separados de Dios hay muerte. Esta muerte comenzó en el espíritu y como vimos en la historia de Adán y Eva, luego esto afectó las demás áreas de la vida.

El espíritu enfermo y nacer de nuevo

El pecado hizo que Adán y Eva murieran. Se apagaron. Su luz se fue extinguiendo. Sus vidas se fueron ennegreciendo. Sus pensamientos y sentimientos se fueron llenando de muerte afectando así sus creencias, sus decisiones, conducta, relaciones y su manera de tratar a su cuerpo y a la creación, esto maldijo o nos oscureció a todos. Esto también le pasó a Saúl y le empezó a pasar a David.

Dios nos amó tanto que nos regaló a Jesús. Su Espíritu y Su Luz nos han salvado. San Pablo dijo: "Antes ustedes estaban muertos a causa de las maldades y pecados" (Efe 2,1). Jesús tomó nuestro lugar y al morir por nuestros pecados, murió nuestra muerte y al resucitar físicamente nos ha dado vida eterna. Al poner nuestra fe en Él, Dios nos perdona nuestros pecados y pasamos de la "muerte a la vida" y "de la oscuridad a la luz". (Jn 5,24; 8,12).

Nosotros, antes de la resurrección física, resucitamos espiritualmente. Lo que nos resucita es la Presencia de Dios en nosotros y esto es posible cuando "recibimos" el perdón de Dios y al Espíritu Santo. Pongo la palabra "recibimos" entre comillas pues todo bautizado sacramentalmente tiene al Espíritu Santo, pero no necesariamente lo ha recibido o le haya dado la bienvenida consciente y libremente.

Esta apertura consciente al Espíritu Santo; esta experiencia de 'nacer de nuevo' a la fe, es la resurrección espiritual por la Presencia del Espíritu Santo en nosotros y es la fuente de la que surgen todas las sanaciones en las demás áreas de la vida humana. Es de dentro hacia fuera. Una transformación progresiva y constante de nuestra voluntad y de nuestra mentalidad. Una transformación día a día de nuestras emociones y de cómo llevamos nuestras relaciones con los demás. Así también el Espíritu Santo puede transformar las células de nuestro cuerpo físico y fluir desde nosotros hasta tocar la creación que nos rodea.

Todo esto ocurre en la medida que nos vamos 'sumergiendo' en la presencia de Jesús, dejándole a Él y solamente a Él el gobierno, mandato y Señorío de nuestra vida. Ya no nos gobernamos, ni otros dioses, espíritus o espiritualidades.

Según la Palabra de Dios, quien no 'nace de nuevo' está espiritualmente muerto. En la Iglesia y fuera de ella podemos encontrar personas con cierta espiritualidad, pero cuando esta persona, en su espíritu no está unida al Espíritu Santo, entonces tiene una espiritualidad enferma. Pero cuando una persona 'nace de nuevo' está espiritualmente sano pues el Espíritu de Jesús está activo en esa persona. Dice S. Pablo: "Cuando alguien se une al Señor, se hace espiritualmente uno con Él". (1 Cor 6,17).

En mi experiencia personal toda persona que ha nacido de nuevo puede decir que tuvo una experiencia que divide su vida en dos. Un antes y un después. Pero ¡ojo!: nacer de nuevo no es una meta sino un punto de partida. Un punto de partida notable, sensible. Se sabe que algo nuevo inició en nuestra vida.

Crecer espiritualmente es sanar progresivamente

Crecer en la apertura al Espíritu Santo de Jesús asegura una espiritualidad sana y por ende una vida saludable en todas las demás áreas. Nadie hace nada al nacer, pero para crecer sí hay que poner de nuestra parte. Nacer física o espiritualmente le cuesta a otra persona. Pero para crecer o madurar nosotros debemos poner de nuestra parte. Llega un momento en la vida de todo niño o niña en el que debe aprender a comer por sí solo, aprender qué se puede meter en la boca y qué no. Algunas cosas no conviene comerlas, aunque se vean 'bonitas'.

Lo contrario también puede ocurrir. Puede ocurrir que alguien siga 'un camino totalmente contrario' al crecimiento en el Espíritu. Un camino de decisiones de pecado que luego construyen ´patrones internos de conducta' acompañados de vergüenza y culpa, desarrollando en la persona una voluntad herida y débil, a esta persona espiritualmente hablando se le endurece el corazón a la voz de Dios y el carácter se llena de fallas, llevando entonces su vida de un fracaso a otro. (Es lo que le pasó a Saúl).

Crecer espiritualmente es sanar. Cantidad de personas nacen de nuevo y se quedan como bebitos espirituales. No crecen y por ende, no sanan. No avanzan en la vida en el Espíritu y como describí anteriormente viven de fracaso en fracaso. Esto frustra y algunas personas hasta dejan la fe, pues no se dan cuenta que con el Espíritu Santo dentro, llega el momento en que debemos convertirnos en sus colaboradores. Es como cuando estamos en el agua: hay momentos para flotar y dejarse llevar y otros para poner de nuestra parte, decidir movernos y aprender a nadar.

La palabra colaborar es trabajar con alguien (laborar con). Él hace la obra en nosotros, si colaboramos con Él. ¿Cómo colaboramos con el Espíritu Santo? Quitándonos lo antiguo y poniéndonos lo nuevo. Esto, según el lenguaje bíblico, denota una acción de nuestra parte y toda acción necesita voluntad y decisión. Si hemos aceptado el Señorío de Jesús sobre nuestra vida y hemos decidido que Él sea quien gobierne, entonces dejar atrás decididamente lo que nos estorbe y tomar sobre nosotros lo que Dios nos regala. Es someter mis sentimientos y pensamientos a Su Señorío.

Nos dice la Palabra de Dios: "Así pues, queridos hermanos, estas son las promesas que tenemos. Por eso debemos mantenernos limpios de todo lo que pueda mancharnos, tanto en el cuerpo como en el espíritu; y en el temor de Dios procuremos alcanzar una completa santidad" (2 Cor 7,1). También nos dice la Palabra de quitarnos y ponernos: "...despójense de lo que antes eran...y revístanse de la nueva naturaleza, creada a la imagen de Dios..." (Ef 4,22-24)
Cuando S. Pablo habla de revestirnos de la nueva naturaleza es como cuando encima de una ropa nos ponemos otra ropa. Revestirse es dejarse 'envolver' por el Espíritu Santo y dejar que Él, al unirse a nosotros haga una nueva naturaleza. Pero tanto el despojarse como el revestirse encierra una decisión.

"No se mientan unos a otros, puesto que ya se han despojado de lo que antes eran y de las cosas que hacían, y se han revestido de la nueva naturaleza: la de la nueva persona, que se va renovando a imagen de Dios, su Creador, para llegar a conocerlo plenamente". (Col 3,9-10). Revestirnos del Espíritu Santo crea en nosotros una nueva naturaleza, ya no somos meramente humanos. Es que yo decido intencionalmente dejar lo que no es de Dios y a la vez decido intencionalmente tomar de Dios lo que Él me brinda.

Tenemos que hacer como San Bernardo, él dijo: "Yo, lo que me falta me lo apropio (¡literalmente, lo usurpó!) del costado de Cristo". ¡Wow! Me encanta lo que dijo. Usurpar según lo define la

Real Academia Española es apoderarse de una propiedad o de un derecho que legítimamente pertenece a otro; por lo general esta apropiación es violenta. Otra definición de usurpar es apropiarse de la dignidad, empleo u oficio de otro, y usarlos como si fueran propios.

Nuestra solución es tomar del interior de Jesús lo que nos hace falta. "Secuestrar" de sus adentros, "robarnos" Su Corazón. "Arroparnos" de Su Espíritu. Créelo. Dios está activo en nosotros y nosotros activos con Dios. Una unidad colaborativa. Conectados a Dios es que nuestro espíritu sana y desde esta realidad sanadora fluye bendición a las demás áreas de nuestra vida. Nos convertimos como en 'Dispensadores del Espíritu de Dios'. Este es el objetivo final. Para esto existimos.

Testimonios de Sanación del espíritu

Hace años se acercó a nosotros un hombre. Aparentemente otras veces había ido a la comunidad a recibir ministerio de oración, pero volvía pues decía él que 'no avanzaba en su vida'. En mi comunidad, antes de orar por alguien, siempre hacemos una entrevista. También nos dijo: "No salgo de una depresión, un sin sabor a la vida y todo me causa stress". Le preguntamos ¿Cómo está tu relación con Dios? Responde: "Muy mal". La próxima pregunta: ¿Qué estás haciendo para remediar tu relación con Dios? Respuesta: "Vengo a que ustedes oren por mí". Es típico de mucha gente que mal creen que los problemas relacionales que tienen, sean con Dios o con otra persona, se van a resolver con la oración de otros.

Mientras entrevistamos a la persona, tenemos el hábito interior de prestar un oído al entrevistado y otro oído al Señor, por si acaso Dios nos quiere comunicar algo que ayude en el ministerio a la persona que tenemos enfrente. Internamente hago la pregunta al Espíritu Santo: "¿Qué está pasando en la vida de este hombre?" y siento una impresión muy fuerte en mi corazón y siento las palabras: "Pecado Secreto".

En ese momento viene una lucha interior de cómo comunicar algo así a alguien. Hemos aprendido en nuestra comunidad, que cosas tan delicadas y privadas deben de comunicarse en un tono carente de agresividad y de acusación, respetando siempre la dignidad de quien se ha acercado a recibir oración. Además hemos aprendido a preguntar, en vez de declarar. Entonces le pregunto: "¿Hay algo en tu vida que te avergüence o que te haga sentir culpable?" Cabizbajo dice: "Sí". Seguimos con la próxima pregunta: "¿Es algo que guardas como un secreto?" El hombre estaba en shock. Hace silencio y con paciencia esperamos su respuesta.

En esta ocasión, estábamos orando por esta persona, solo hombres. En ocasiones es más incómodo tratar ciertas 'cosas' cuando está presente alguien del sexo opuesto. Él nos miró y dijo: "Estoy en adulterio con una amiga de mi hija". Hemos aprendido a no reaccionar dramáticamente a lo que escuchamos mientras oramos por alguien; pero la verdad que esto me impactó mucho. Le preguntamos: "¿Has confesado ese pecado?". "No, nadie lo sabe". Le decimos que tiene que formalmente ir al Sacramento de la Reconciliación y que si quiere no hablamos más de eso, oramos por él y ya. No nos pone mucho caso y dice: "Ya no puedo más, he vivido engañando a mi esposa y a mi hija, su amiga y yo estamos como adictos a esto. Mi hija se ha dado cuenta de que su amiga quiere estar mucho en nuestra casa".

Este hombre nos describe cómo su familia daba una imagen de que todo estaba bien, pero todo esto pasaba la mayoría de las veces dentro de su misma casa. Mientras hablaba no levantaba su cabeza, no nos miraba a los ojos; comenzó a llorar. Este era un gran paso. Rompió el silencio y dijo lo que le estaba destruyendo por dentro. Los secretos enferman. Todo lo que queda oculto lo agarra el rey de lo oculto para dañarnos. Cuando los secretos son puestos ante la luz, comienza el perdón y la sanación.

Yo tenía una mezcla en mi interior: Asco y misericordia. Asco por el pecado adictivo que lo tenía esclavo y misericordia por el lío que ahora tenía. No sentía asco por la persona, sentía misericordia por la persona y asco de la situación. Asco por el engaño del diablo que enfermó de pecado a este esposo y padre. La misericordia de Dios vino en nuestro auxilio, para liberarlo de la esclavitud del pecado que le estaba matando por dentro a él y a su familia.

Le abrazamos y comenzamos a orar por él. Le preguntamos: ¿Te arrepientes de esto que nos has dicho?" Cuando escuchó la pregunta cayó al suelo. Parecía un desmayo. Lloraba. Sudaba como si estuviera en un horno. Le pregunto de nuevo: "¿Te arrepientes? ¿Quieres libertad?" Aparentemente no podía hablar y asiente con su cabeza. En ese momento le pedimos al Espíritu Santo que veniera en auxilio de su debilidad y que le permitiera salir de esta cárcel de pecado. Entonces él en voz alta verbalizó su arrepentimiento y renunció al adulterio. Se despojó del engaño. Cuando terminó, pedimos la bendición de Dios sobre él: "Te bendecimos con misericordia de Dios, paz, perdón y valor. Que la pureza del Espíritu Santo te limpie y te salve. Que la sangre de Jesús purifique tu sexualidad, tu mentalidad y tus emociones, tu cuerpo y tu espíritu." Lloraba y repetía: "¡Gracias Señor Jesús!"

Al final, le recordamos que debía culminar esta experiencia de oración con el sello sacramental de la Reconciliación. Además le dijimos que para sanar de esto debía dar pasos concretos y hablar con su esposa, con su hija y renunciar a seguir viendo a la amiga de su hija. Ahora él comenzaba un proceso de sanación y recuperación. De seguro que su matrimonio necesitará terapia de pareja para sanar la relación de pareja y que él debía afrontar todo esto con la ayuda de Dios. Ya no podía seguir viviendo en la oscuridad del engaño; todo a la luz, sus pensamientos y sentimientos a la luz, sus luchas y temores a la luz, ahora sin apariencias no sería el 'hombre macho que tiene dos mujeres' ahora es el 'pecador perdonado que necesita de Dios y de los demás para ser libre'.

Los seres humanos debemos tener cuidado con los acuerdos internos que hacemos. Curiosamente en la Iglesia hay tantas personas 'nacidas de nuevo' pero con ciertos acuerdos dañinos en su interior. Acuerdos que abren 'puertas' al diablo para enfermar nuestro espíritu.

Hay acuerdos internos que no son para cristianos. A veces se hacen acuerdos con brujería, hechicería, odio, perversiones sexuales, inmoralidad sexual, rabia, ira, celos, adicciones, mentiras y chisme. Todo esto nos lleva a la muerte. Hay 'beneficios del Reino de Dios' que nunca tendremos mientras los creyentes permanezcan con estos acuerdos interiores.

Luego perdimos el contacto con este hombre, no sabemos si cumplió con los compromisos necesarios para completar su proceso de sanación. Quiero agregar otro testimonio, que también ocurrió hace años. Y el objetivo es mostrar cómo en ocasiones es necesaria una combinación de oración y terapia profesional.

Yo llegaba de un viaje de evangelización. Recuerdo que fue uno de esos con varias escalas para regresar a mi país. Estaba muy cansado. Temprano en la mañana sonaba el celular. Extrañamente, yo lo escuchaba pero seguía durmiendo. Mientras dormía tuve un sueño. En el sueño yo estaba en una casa de campo y ví gateando en el suelo al hijo más pequeño de un pariente mío. En el sueño comenzó a llover y me acerqué para cargarlo y llevarlo bajo techo.

Al cargar al bebé en mis brazos vi cerca un vehículo y alguien me llamó desde dentro pidiendo que le llevara al bebé. Al acercarme vi que era mi pariente, es decir, el papá del bebé y me decía que se lo entregara, pero cuando me fijé mejor en él me di cuenta que estaba muy sucio, barbudo (lo cual es extraño en este pariente pues siempre está afeitado y bien vestido) y además estaba rodeado de moscas. Me dio muy mala impresión y no le entregué al bebé. Inmediatamente sonó de nuevo el celular y me desperté.

Al tomar la llamada, curiosamente, era la esposa de este pariente. Lloraba mientras me reclamaba que no tomé la llamada antes. Me excusé contándole de mi reciente viaje y mi cansancio, pero como si no hubiese dicho nada importante ella me cuenta que estaba en medio de un problema con su esposo (el pariente del sueño). Me contó que el día antes al que estábamos hablando estuvieron en una reunión familiar y que su esposo estaba tomando mucho alcohol. (Esto era normal en él). Llegó un punto en que ya en la casa no quedaba una botella llena y él quería más. Él quiso salir a comprar más alcohol y ella intentó detenerle. Entonces él le agredió. Ella gritó. El papá de él fue a ayudarle y él le pegó a su papá también. Al viejo cuando cayó en cuenta que su hijo le pegó; le comenzó un infarto. Lo que inició como una hermosa reunión familiar, terminó como el drama de una de esas novelas de televisión con paramédicos y lágrimas. Gracias a Dios el viejito no murió.

Mientras me contaba, yo me preguntaba en mi interior ¿Qué tendría que ver todo esto con el sueño que tuve? Como no entendía no le dije nada a su mujer. Le dije que me apenaba todo lo que me contaba y que le aseguraba que iba a interceder ante Dios por su familia. Ella me dijo que no me llamaba para eso sino que ella quería que yo hablara con él para que se acercara a Dios; ella me decía: "él te respeta mucho". Cuando ella dice esto; me vienen recuerdos contrarios de reuniones familiares en las cuales él hacía comentarios en contra de Dios y la Iglesia como para provocarme a discutir. (Yo no tenía la percepción de que me respetara mucho). Se lo dije a ella pero me insistía que hablara con él. Antes de cerrar la llamada le dije que llamaría a su esposo para hablar con él.

Esa conversación fue un lunes en la mañana, ese día llamé al pariente varias veces, pero no me tomaba la llamada. El martes llamé y nada. El miércoles hablamos y quedamos en reunirnos a desayunar en un restaurante (preferí un lugar público para que no me fuera a pegar a mí también). El jueves en la mañana cuando yo llegué al restaurante en cuestión y ya mi pariente estaba sentado esperando. Nos saludamos y me senté, pero él no me dejaba ni hablar y decía que él sabía lo que le iba a decir (pero curiosamente yo ni idea tenía de lo que íbamos a hablar pues en el camino le preguntaba al Señor cómo abordar el tema y sólo me recordaba del sueño que tuve). Él decía que cuando un hombre está tomando no se debe discutir con él y que tanto su esposa como su padre no debieron abordarlo así aquel día. Le dije: "Creo que eres alcohólico". Me miró y me dijo: "La verdad es que estás loco. Yo no soy alcohólico". Me armé de valor y le dije: "Cuando alguien pone las botellas que quiere por encima de su esposa, la madre de tus hijos y a su propio padre, creo que está dominado por el alcohol." El se puso agresivo y me dijo que yo estoy muy equivocado y que vivo en un mundo irreal, que eso no es así. (Internamente agradecí a Dios de estar en un lugar concurrido pues si no creo que me hubiese agredido a mí también). Mientras lo escuchaba el Señor me dijo: "Cuéntale el sueño".

La verdad es que tenía una lucha interior, pues mi percepción de que él no respetaba las cosas de Dios y de la Iglesia me frenaban para contarle el sueño aquel que tuve la noche misma del suceso con su esposa y su padre.

Hubo un silencio en la mesa y me atreví. Le conté el sueño que escribí más arriba. Bajó la cabeza y comenzó a llorar. Lloraba con mucho sentimiento. Yo no entendía nada. Las personas en las mesas de alrededor miraban con curiosidad. No sabía qué hacer. Me acerqué y me senté a su lado. Le animé a calmarse. "Explícame qué pasa ¿Por qué el contarte ese sueño te llevó a llorar así?" Ahí entendí por qué debía obedecer a Jesús desde el inicio de todo esto, pues contarle lo que soñé fue el detonante de su sanación. Me contó que cuando joven, él fue a visitar a uno de sus tíos más queridos que vivía solo en un campo. Este tío tenía problemas de alcoholismo y su esposa y sus hijos se separaron de él. Cuando mi pariente llegó a donde su tío lo encontró muerto ya de varios días; estaba en el suelo, 'sucio, barbudo y rodeado de moscas'. Mi pariente se dio cuenta que si él seguía negando su condición terminaría como su tío y me preguntó: "¿Qué hago?" Le dije: "Acepta a Jesús como el único que puede salvarte de este lío y te sanará y sanará a tu familia". Allí en el restaurante oramos juntos, lloramos juntos y se levantó decidido a iniciar un proceso de sanación, desintoxicación y renuncia total de aquel estilo dañino para él y su casa. Cuando entregó su vida a Jesús y se dejó revestir de Su Espíritu Santo, inició todo.

Este hombre, con la ayuda de Dios y de su esposa, renunció totalmente al alcohol y las drogas. (Luego él confesó que usaba drogas también). Entró a una institución profesional de recuperación por varios meses. Luego tomó la decisión de cortar de raíz con ciertas amistades y hasta se mudaron de ciudad para dejar de frecuentar personas y lugares que le tentaban a caer de nuevo en aquel estilo desenfrenado y dañino. Dios lo bendijo con valor y firmeza. Dios le bendijo con una esposa paciente. Dios le bendijo con arrepentimiento y él colaboró con el Espíritu Santo para reconciliarse con su familia.

Este hombre ahora me cuenta que antes él apenas compartía con sus hijos y su esposa. Que en su agenda ellos recibían las sobras, pero que ahora es al revés. Su esposa e hijos son tan importantes. Antes no tenía un trabajo fijo, ahora es dueño de su propia empresa. Él no solo recibió auxilio del Espíritu de Dios sino que se abrió a la ayuda terapéutica de personas que respetaron su caminar con Dios. Me consta que esta familia está hoy viviendo una nueva etapa de bendición y que aquel pariente que una vez estuvo con el espíritu enfermo y camino a la muerte ahora vive en paz con Dios y los suyos.

Cómo sanar de una enfermedad del espíritu

Solo la Vida puede dar vida. Sólo Jesús puede salvar a quien está espiritualmente muerto. La solución es conectar con Jesús. Su muerte y resurrección es la sanación del espíritu enfermo.
Los pasos para una sanación del espíritu son:

1. Reconocerse pecador necesitado de Jesús:

- Es necesario reconocer interiormente los pecados que han causado 'una separación' con Dios y aceptar que que 'soy pecador y necesito a Jesús'.
- Acercarse en fe a Jesús y aceptar su sacrificio en la cruz y Su resurrección como la 'puerta' a una Nueva Vida en Dios.

2. Oración de arrepentimiento y perdón:

- En oración acercarse a Jesús resucitado y reconocer detalladamente aquellos pecados que nos alejaron de Él.
- Pedirle su misericordia y perdón.
- Hacer un compromiso con Él de no volver a cometer esos pecados, ni volver a pensar en ellos sin Su Presencia.
- Pedir ayuda al Espíritu Santo para mantener fidelidad al compromiso con Jesús.
- Comprometerse con Jesús a seguir Sus enseñanzas y Sus indicaciones interiores.

3. Confianza y pasos concretos:

- Confiar en el Poder de Jesús y la acción de Su Espíritu Santo.
- Comprometerse en una comunidad de fe en la cual otras personas también hayan iniciado este camino de Sanación.
- Buscar una persona de mayor experiencia en la fe, para que le ayude a mantener fidelidad a Jesús.

- En caso de haber herido a otras personas es necesario pedir perdón a quienes fueron dañados. (No es obligarles a perdonar, es rogarles perdón y ellos decidirán).
- Restituir. Por ejemplo: en caso de robo, devolver lo robado.
- Perdonarse a sí mismo, romper con la culpa repetitiva, sustituir esas 'grabaciones mentales' con 'Jesús me perdonó y comienzo de nuevo con Su Poder'.
- En caso de pecados adictivos y/o patrones de conducta adoptados por años, puede ser necesario recibir terapia o consejería. Lo recomendable es encontrar un profesional en el área de la sicología y que tenga contacto con la Iglesia. Muchos profesionales sin fe, pueden quitarte o herir la confianza y el proceso que Jesús inició.

Citas bíblicas para meditar y orar:

"El Señor Dios dio esta orden:
"Eres libre para comer del fruto de todos los árboles del jardín,
  Menos del árbol del bien y del mal. No comas del fruto de ese árbol,
  Porque si lo comes, ciertamente morirás"."
Génesis 2, 16-17

"Al que disimula el pecado, no le irá bien; pero el que lo confiesa y lo deja, será perdonado"
Proverbios 28, 13

"Por tu Amor, oh Dios, ten compasión de mí; por tu gran ternura borra mis culpas.
¡Lávame de mi maldad! ¡Límpiame de mi pecado!
Reconozco que he sido rebelde;
Mi pecado no se borra de mi mente. Contra ti he pecado, y solo contra ti,
Haciendo lo malo, lo que tú condenas. Por eso tu sentencia es justa, irreprochable tu juicio.
¡Oh Dios! Pon en mí un corazón limpio. ¡Dame un espíritu nuevo

y fiel!"
Salmo 51,1-4.10

"Si confesamos nuestros pecados, podemos confiar en que Dios, que es justo, nos perdonará nuestros pecados y nos limpiará de toda maldad"
1 Juan 1,9

Oración:

Padre, te doy gracias por enviar a Jesús a esta tierra. Gracias por regalarme a alguien con el Poder para perdonarme y salvarme.

Jesús, acepto tu Sangre derramada en la cruz sobre mí. Tu Sangre derramada me limpia de pecado.

Espíritu Santo, como agua pura, me lavas por dentro. Me envuelves completamente y me sanas para siempre. Ven y lava todas las partes de mi cuerpo que en algún momento fueron 'instrumentos del mal'; que ahora por tu Gracia sean 'instrumentos de santidad'. Lava mis sentimientos y pensamientos. Reprográmame y permíteme escuchar tu Voz.

Señor Jesús, sáname de las heridas causadas por el pecado. Sáname de los rencores hacia personas que me incitaron o me engañaron. Ayúdame a pedir perdón y a restituir lo que hice. Sáname para que mi dolor no sea una excusa para yo seguir pecando.

Jesús, en Tu Nombre y por Tu poder, rompo con cualquier atadura con objetos, ideologías o personas que me hayan influenciado a pensar, sentir y/o practicar algo que me separara de ti. Con tu Poder, Jesús, soy libre para vivir en Ti. ¡Amén!

Preguntas para reflexión individual o en grupo:

1. Según lo leído en este capítulo ¿Qué entiendes por enfermedad del espíritu y cómo se sana esta enfermedad?

2. ¿Cuáles son los síntomas o señales de tener el espíritu en-

fermo?

3. ¿Qué aprendiste de las historias bíblicas de Adán y Eva o de los reyes de Israel, Saúl y David?

4. ¿Pudiste identificarte en algún aspecto con algo de las historias bíblicas? ¿En qué específicamente?

5. ¿Tienes algún 'pecado secreto' o 'problema no resuelto' que te pudiera estar enfermando espiritualmente?

6. ¿Alguna vez has tenido que ayudar a otra persona a sanar de alguna enfermedad en su espíritu? ¿Qué apreniste en esa o esas experiencias?

7. Santiago 5,16 dice: "Confiésense unos a otros sus pecados, y oren unos por otros para ser sanados. La oración fervorosa del justo tiene mucho poder". Según este versículo bíblico recomiendo lo siguiente:

a. Busca un sacerdote que te inspire confianza y pídele recibir el Sacramento de la Reconciliación.

b. Si tienes una comunidad o grupo pequeño, sin necesidad de contarse los pecados, hagan una reunión en la cual puedan contarse cuales son sus debilidades o luchas y oren el uno por el otro.

CAPÍTULO 2
SANACIÓN INTERIOR

Ejemplos en la Biblia

Los discípulos de Emaús (Lucas 24, 13-35).

Una de las experiencias más traumáticas para una persona es la pérdida de un ser querido. Cuando una persona llora la partida de un ser amado o querido, las lágrimas pueden ser un canal de sanación del dolor interno de perder a alguien importante. Las lágrimas de tristeza y dolor ayudan a que se canalicen las emociones que si se quedan dentro pudieran causar destrucción en nuestro interior. Jesús tuvo una muerte traumática; Él, sabiendo esto se acercó a sus discípulos para sanarlos interiormente de este trauma. Uno de los relatos más interesantes es cuando Jesús imparte sanación interior a dos de aquellos discípulos que no formaban parte de los '12 importantes', como para decirnos que para Dios, todos somos importantes.

Iban caminando dos discípulos desde Jerusalén (donde murió Jesús) hacia Emaús. Esto tiene una distancia aproximada de 11 kilómetros. Aparentemente estos discípulos iban para su casa. Ellos habían sido testigos oculares de la horrorosa muerte de Jesús en la cruz y este era el tema de conversación en el camino: "Iban hablando de todo lo que había pasado" (v.14). Ya de por sí este es un paso a la sanación pues estaban hablando de su dolor; ni lo enterraban dentro ni tampoco explotaban dolorosamente el uno contra el otro. (En ocasiones, las personas que no han aprendido a dominarse a sí mismos o explotan en su dolor hiriendo a los demás o lo entierran tanto que pierden la sensibilidad).

Entonces "Mientras conversaban, Jesús mismo se acercó y comenzó a caminar con ellos, pero aunque lo veían, algo les impedía darse cuenta de quién era". (v.15-16). Jesús vio el dolor y no les ignoró. Se acercó a caminar con ellos. El Señor se acerca cuando estamos adoloridos, aunque muchas de esas veces no 'sentimos Su Presencia'. A veces mal creemos que Él nos ha abandonado u olvidado en el momento de mayor dolor, pero es todo lo contrario. En momentos de dolor, el diablo se aprovecha de nuestra falta de fe para hacernos creer que Dios se alejó. La fe muchas veces es sensible, pero en ocasiones es superior, es decir es un ejercicio de la voluntad que supera la sensibilidad. 'Yo decido creer aunque no sienta nada'.

Esto no deja de ser un don de Dios, pero don o regalo al fin es para todos. En ocasiones como estas, a veces no sentimos la Presencia de Dios a través de lo que conocemos y Él puede manifestarse a través de lo que desconocemos. Como le estaba pasando a los discípulos de Emaús, no conocían que era Dios quien estaba con ellos. Otras veces es el mismo dolor lo que nos impide ver la cercanía de Dios y es la fe que abre como una 'puerta' para poder verle cerca.

Jesús pregunta: "¿De qué hablan ustedes en el camino?" En

nuestra experiencia comunitaria hemos aprendido de este método preferencial de Jesús para colaborar con el Espíritu Sanador de Dios: El método de hacer preguntas. Es la única manera en que se logra que el sufriente se apropie de su historia y la cuente con sus labios para dejar salir el dolor y la tristeza detrás de la historia que le hizo sufrir. En este momento ellos comienzan a recordar su dolor en Presencia de Jesús y precisamente esto es lo que sana los traumas o heridas interiores, la Presencia de Jesús. Por ello, recordar algo doloroso en Presencia del Rey Jesús es comenzar a sanar.

En momentos de oración, debemos aprender a verbalizar nuestros dolores interiores o recuerdos de sucesos dolorosos, pues al mencionarlos ante quienes están reunidos orando por nosotros, lo estamos diciendo a Jesús allí también, pues Él ha prometido estar en medio de nuestras reuniones. (Mateo 18,20).

Ellos preguntaron a Jesús: "¿Eres el único que ha estado en Jerusalén y no sabe lo que ha pasado?" (v.18) En realidad, Jesús sí sabía, pero hace como que no sabe para que ellos hablen y dejen salir su dolor. "¿Qué cosas?" pregunta Jesús. En otras palabras, no me digan titulares o generalidades, sean específicos. Digan, según su experiencia, qué fue lo que pasó. De esta forma se reviven las emociones conectadas a lo sucedido y Jesús entonces puede sanar lo que recibe. Muchas veces la sanación viene cuando miramos con otros ojos lo sucedido o cuando nos damos cuenta que detrás del dolor había una falsa creencia de abandono de parte de Dios, estando Él siempre allí acompañándonos y sufriendo con nosotros. También la sanación viene cuando en oración podemos interpretar de otra forma lo ocurrido.

Los discípulos de Emaús abrieron sus corazones y contaron detalladamente lo sucedido. Detrás de sus palabras estaban sus sentimientos e ilusiones heridas saliendo a la luz. Contaron su tristeza y dolor. Reconocieron que esperaban otra cosa de Jesús y que estaban desilusionados. (v.19) Esperaban que Dios protegiera a Jesús y que Él fuera el Mesías. Esto muestra que sus heridas estaban afectando su fe y debería ser al revés, nuestra fe debe afectar o sanar nuestras heridas. Ahora estaban sin esperanza. Además de que se murmuraba que algunas mujeres habían visto la tumba vacía y que un ángel les dijo que Jesús estaba vivo (en aquel entonces el testimonio de la mujer no era muy creíble). Como vemos, Cleofás y el otro discípulo estaban: heridos, confundidos, desesperanzados, huyendo de Jerusalén por miedo y con falta de fe.

Jesús comienza a sanarlos comunicándoles honesta y verazmente Su Realidad durante el suceso o historia que a ellos les hirió el interior. Es decir, Jesús les habló del Plan de Dios y de lo que Él estaba haciendo para precisamente evitar que ellos fueran dañados. "¡Qué faltos de comprensión y lentos para creer todo lo que dijeron los profetas! ¿Acaso el Mesías no tenía que sufrir estas cosas antes de ser glorificado?" (v.25-26) Parecería que Jesús estaba siendo duro con ellos, pero en realidad lo que buscaba era que ellos cayeran en la cuenta de que el sufrimiento de Jesús nos sana las heridas, Él quería que ellos reinterpretaran lo sucedido. Que pusieran verdaderamente la fe en las Palabras de Dios (profetizadas hace tiempo) y en lo asumido por Jesús en la cruz y no en sus limitados sentimientos. Es como si les dijera: "No dejen de creer en Dios por lo que sucedió. Crean en Dios a través de lo que sucedió". Es por esto que les hirió tanto la muerte de Jesús, ellos se quedaron enfrascados en Su dolor y Su muerte y no vieron más allá. Por ello mal interpretaron el testimonio de resurrección como un rumor y no como la verdad.

Jesús, sistemáticamente y aprovechando todo el tiempo caminando 11 kilómetros con ellos, les explicaba como el Mesías, para salvar a los demás, tenía que sufrir. (Muchas veces la sanación interior es un proceso y no un evento rápido). Cuando a través de las palabras de Jesús ellos redefinieron su percepción de lo ocurrido comenzaron a sanar interiormente. Por ello declararon luego: "Nos ardía el corazón al escucharlo hablar en el camino" (v.32) ¡La Presencia de Jesús les sanó el corazón!

¡Su Presencia les sanó la percepción! Ellos en un momento mal creyeron que Dios les había abandonado y Él se acercó a caminar con ellos. Jesús les ayuda a descubrir la Presencia de Dios detrás de lo sucedido, aunque lo sucedido haya sido doloroso. La percepción de ellos sobre la cruz cambió, ahora hay resurrección. ¡Todo obra para bien en la vida de los amados por Dios! (Rom 8,28).

Al llegar a Emaús, Jesús hace como que seguirá de largo. Ellos se arriesgan y aún si saber quién era este extraño le invitan a pasar a su casa. "Le reconocieron al partir el pan" (v.30-31) y luego desapareció. Ya se encontraron con el Resucitado. En el Pan Herido, en el Pan Partido. Ya sus emociones y/o percepciones cambiaron, ahora había fuego en su interior, pasión, gozo. Se dieron cuenta que mientras caminaban con dolor les acompañaba Su Señor, es decir, nunca habían estado solos en el dolor. Lo mismo pasa con nosotros, Él ha estado junto nuestro aún en los momentos más traumáticos de nuestra vida. La sanación interior inicia cuando nos damos cuenta de esto.

El Señor aprovecha momentos de oración o en medio de los sacramentos para manifestar Su Presencia sanadora y lo vemos actuando con Poder sobre acontecimientos que pasaron y nos hirieron. En estos momentos Él nos da alimento para el proceso, y si el recuerdo doloroso vuelve a nuestro interior podemos sustituirlo por este momento de manifestación de Dios y así continuamos sanando nuestra percepción interior. "Se levantaron y regresaron a Jerusalén" (v.33) Ahora pueden hasta regresar al lugar del cual habían salido corriendo. La muestra de que hemos sido sanados de un recuerdo doloroso es que podemos volver al recuerdo pero ya no hay dolor, solo recuerdo. Ya el apellido doloroso del recuerdo ha sido sustituido, porque en ese momento de dolor estuvo presente mi Señor y Sanador. Vemos que esta historia comenzó muy distinta a como termina, ellos ahora declaran: ¡Verdaderamente el Señor ha Resucitado! (v.34).

La baja autoestima de Pedro, la vergüenza y la culpa (Los Evangelios)

Esta sanación es tan importante que tenemos detalles de ella en cada uno de los 4 Evangelios. Tener la autoestima correcta es muy importante para lograr ser una persona funcional en la vida. Las hermanas gemelas vergüenza y culpa se ayudan mutuamente para mantener a muchas personas bajo el dominio del mal y que nunca logren reflejar su potencial.

El plan de Dios para Simón Pedro siempre fue hacer de él un líder espontáneo que con su libertad en Dios, pudiera llevar a otros a encontrarse con Jesús y Su Poder sanador. Si Jesús no hubiese sanado esto en la vida de Pedro, Pedro nunca hubiese podido cumplir su misión en la vida.

En el Evangelio según S. Marcos encontramos más detalles de las negaciones de Pedro que en los demás. Es que Marcos fue discípulo de Pedro y por ello estaba enterado de detalles que otros pasaron por alto. Aunque la sanación como tal la tenemos en el final del Evangelio de S. Juan. Veamos esta sanación interior de Pedro:

a) Pedro fue elegido para ser líder servidor de los demás:
Nos cuenta el Evangelio que Jesús, luego de hablar toda una noche con el Padre, toma una decisión muy importante: Elegir/seleccionar las personas que estarían cerca suyo en Su Ministerio. (Mc 3,13). A estas 12 personas les enseñaría todo y de entre ellos, Jesús destacó que Pedro tendría el liderazgo sobre los demás. (Mt 16,17-19). En la 'Casa de la Iglesia', Simón Pedro es quien lleva el llavero del Dueño. Jesús responsabiliza a Pedro para ayudar a los demás a permanecer firmes en la fe. (Lc 22,32).

b) Jesús protege y profetiza sobre Pedro:
Jesús protege a Pedro intercediendo por él: "Simón, Simón, mira que Satanás los ha pedido a ustedes para sacudirlos como si fueran trigo; pero yo he rogado por ti, para que no te falte la

fe." También Jesús le está advirtiendo a Pedro y a los demás que estén alerta en oración pues el enemigo está desplegando su estrategia de ataque: "Oren, para que no caigan en tentación." (Lc 22,40). Jesús sabía por revelación de Dios que ellos se dispersarían y que Pedro le negaría. No lo dice para asustarlos ni reprocharles sino para que al ocurrir encontraran consuelo en Él. "Me dejarán solo. Pero no estoy solo, porque el Padre está conmigo. Les digo todo esto para que encuentren paz en su unión conmigo" (Jn 16, 32). S. Pablo dice que las profecías son para edificar, animar y consolar (1 Cor 14,3) Jesús le dice a Pedro que lo negará para que cuando ocurriera no perdiera la fe, en otras palabras, Jesús le está diciendo: "Cuando me niegues, vuelve a mí, yo te perdonaré; para eso he venido: a perdonar y a perdonarte a tí. Estas negaciones me confirman mi misión." El propósito de esta profecía o revelación sobre Pedro es que él volviera a Jesús, Salvador, Perdonador y Sanador para recuperar su identidad y su misión y que luego transmitiera esta sanación y fe a los demás. "Y tú, cuando te hayas vuelto a mí, ayuda a tus hermanos a permanecer firmes". (Lc 22,32). Pues nadie puede dar lo que no tiene.

c) La triple negación de Pedro y sus efectos negativos:
Pedro logra entrar al patio del sitio en el cual estaban juzgando a Jesús. Allí le reconocen y niega conocer a Jesús, lo niega tres veces. (Mc 14,66-72; Lc 22,56-62; Mt 26,69-75; Jn 18,15-18 y 25-29). Pedro termina llorando amargamente. Creo que todos sabemos que hay distintas formas de llorar. Lloramos hasta de alegría. Lloramos por miedo, dolor, amor, etc. Pero este llanto de Pedro tiene detrás 'recuerdos de dolor'. "Pedro se acordó...y lloró amargamente" (Lc 22, 61.62). Un signo de una herida no sanada es que recordamos el suceso con amargura y dolor. De seguro que después de esto, vergüenza y culpa entran en acción haciendo sentir a Pedro incapaz de cumplir la misión/propósito de su vida.

Jesús ya había perdonado a todos desde; la cruz, pero hacía falta una sanación interior en Pedro para que quedara libre de sentirse menos o con vergüenza de haber fallado. Una de las prioridades de Jesús resucitado fue la de sanar el interior herido de Pedro. Veamos ahora cómo Jesús sana el interior de Pedro (Jn 21,1-19):

a) El fuego: Vemos según lo que nos cuentan los Evangelios que el recuerdo doloroso de Pedro fue junto a un fuego. Jesús hace una fogata y junto al fuego lo sana con Su Presencia. De seguro que antes de este momento cada vez que Pedro veía una fogata se recordaba de su dolor, vergüenza y culpa. Se sentía menos, por el suelo. Jesús le llama a sentarse junto a Él y junto a los demás. Estoy plenamente seguro que Jesús quería también demostrarles a los demás discípulos que aunque Pedro le había negado él seguía siendo incluido, seguía siendo elegido, seguía siendo de aquellos que se 'sientan junto a Él'.

b) Intimidad: Las negaciones fueron después de comer la cena, la sanación fue después de comer el desayuno. Jesús sanó a Pedro en el contexto de una comida íntima. Me he dado cuenta que las más grandes sanaciones se dan en un ambiente de intimidad. Ya sea en familia o en un grupo pequeño de oración. O pocas personas orando ministerialmente sobre alguien que ha sufrido. Además, las heridas más profundas que hemos recibido de seguro que han venido de alguien a quien percibimos en algún momento como íntimo nuestro, cercano e importante; y es por esto que el Señor nos tiene que sanar en un ambiente de intimidad y cercanía para así restaurarnos. En nuestra vida familiar y comunitaria debemos saber que ciertas conversaciones y oraciones para que sean sanadoras y efectivas deben de realizarse en un ambiente de intimidad.

c) Las preguntas: Decíamos que uno de los métodos preferenciales de Jesús para sanarnos es el de hacernos preguntas. Nos pregunta para llevarnos 'de la mano' a mirar con 'otros ojos' lo sucedido. Nos quiere prestar Su óptica para que podamos ser sanos. Jesús le pregunta a Pedro: "Simón, hijo de Juan, ¿me amas más que éstos?" (v.15). Esta pregunta repetida por Jesús tres veces: 1) En primer lugar para que Pedro enfrentase sus heridas dolorosas y 2) Para que las sacara a la luz de la Presencia de Jesús. Lo que se esconde no se sana. Realmente lo que sana es la Presencia de Jesús y es necesario poner frente a Jesús nuestras heridas para que sean sanadas. El hecho de que preguntara 3 veces también puede significar que ciertas heridas traumáticas tienen que ponerse ante Jesús más de una vez. En nuestra experiencia comunitaria orando por personas hemos visto que ciertas personas reciben sanación luego de varias sesiones de oración.

d) Las 3 afirmaciones: Pedro hizo tres negaciones y Jesús para sanarlo busca tres afirmaciones. En el fondo Jesús quiere que Pedro acepte y se apropie de su sanación. Por ello Pedro tiene que decirlo con sus propios labios. "Sí, Señor, tú sabes que te quiero."

Jesús quiere que Pedro lo repita 3 veces para que quede claro en su interior que Jesús lo valora, que confía en él y que sabe que Pedro tiene la capacidad de supervisar a otros con su liderazgo. Jesús quería sustituir la realidad pasada de las negaciones con la realidad renovada del amor sanador. La repetición de algo genera constancia. Cuando nos repetimos internamente lo que Dios quiere, nuestro interior sana. La percepción que tenemos de lo que nos ha sucedido cambia. Si nos repetimos lo que Dios nos dice o nos pregunta, nuestra vida cambia. Cuando nos repetimos lo que Él quiere que nos digamos, recuperamos la estima sana necesaria para funcionar como servidores del Rey.

c) El Poder de Cuidar a los demás: Jesús le había dicho a Pedro antes de que pasara: "Y tú, cuando te hayas vuelto a mí, ayuda a tus hermanos a permanecer firmes". (Lc 22,32). Ahora le está devolviendo la capacidad para realizar esto. Jesús le dice tres veces a Pedro que cuide a los demás. Las Palabras de Dios, lo mismo que decir, las Palabras de Jesús tienen la capacidad de hacer lo que dicen. Cuando dijo: "Hágase la luz", se hizo la luz. En este momento Jesús está dándole a Pedro la capacidad o lo que es lo mismo el Poder de cuidar a los demás. En otras palabras Jesús le está diciendo a Pedro: "Yo confío en ti. Ve y hazlo en mi Nombre".

Muchas personas mal creen que para orar por otros por sanación con efectividad uno tiene que antes haber sido sanado de lo mismo por lo que uno va a orar. No creo que esto sea así. Pero sí me he dado cuenta que cuando alguien ha recibido sanación de algo en específico luego esa persona tiene una fe firme para orar para que alguin con ese mismo padecimiento sane. Esto es lo que está pasando con Pedro: "Fuiste enfermo interiormente. ¡Ahora estás sano! Ve y cuida a los demás".

Las heridas interiores y la sanación interior

Esta forma de 'enfermedad invisible' no deja de afectar a muchos, obstaculizando para que vivan la vida en abundancia que Jesús vino a regalar. El 'mundo interior' del ser humano también puede enfermarse y Jesús vino a traer salud para esa área también. La sanación psico-emocional de una persona se da cuando esta recibe de Jesús sanación de heridas de su pasado, lo denominado 'recuerdos dolorosos' o sanación de 'sentimientos o emociones dañinas' o sanación de una baja autoestima causada por heridas interiores.

Podríamos definir la sanación interior como la sanación de los efectos dañinos de las heridas que hemos recibido en la vida. Esto no excluye las heridas hereditarias (pecados familiares, hábitos emocionales familiares, 'ataduras' con familiares vivos o muertos y dependencia emocional errónea con familiares).

Todos necesitamos sanación interior. Todos sufrimos las consecuencias de vivir en un mundo caído. No importa la nacionalidad, condición económica, apellido o creencia. De las heridas interiores nadie se libra, lo que sí podemos decidir es cómo reaccionamos ante ellas. Podemos encontrar en Dios la sanación y hasta la bendición detrás de las heridas sufridas. Él ha prometido estar con nosotros siempre. Dios es capaz de 'sacar agua de una roca', dar sombra en medio del sol y luz en la oscuridad, todo esto sin tener que sacarnos del desierto. Él se manifiesta aún en el desierto. Dios no nos saca de la vida para que no seamos heridos, más bien nos acompaña en la vida, nos da Su Presencia y si en la vida somos heridos, abriéndonos a Él podemos ser sanados.

Detectar la enfermedad interior en alguien o descubrir los síntomas de que alguien está emocionalmente o interiormente herido puede ser algo muy amplio. Pues puede darse tanto un extremo como el otro, alguien por las heridas que tiene puede tener una estima muy baja pero otra persona por su historia puede tener su estima más alta de lo que debe tenerla. Lo que quiero decir es que los síntomas de heridas interiores pueden ser un abanico muy variado: tristeza, depresión, rechazo, ansiedad, miedos, etc. La lista puede ser muy larga y las ramificaciones también pueden ser muy variadas, es decir, una herida raíz puede tener una rama o ramificación espiritual, emocional, mental, demoníaca, social o física. Solamente cuando vamos a la herida raíz de la que viene la ramificación podemos entonces sanar en el Nombre de Jesús.

Las causas de la enfermedad interior o heridas interiores son los pecados de otros sobre nosotros. Así como la enfermedad espiritual es causada por nuestros propios pecados, la enfermedad interior resulta de lo que otros nos hacen o el resultado de la suma de heridas que vamos acumulando en la vida. Los abusos causan heridas muy traumáticas. Hay condiciones emocionales que se transmiten de padres a hijos. Nuestra respuesta a los abusos o a lo heredado puede exagerar el daño recibido cuando suprimimos, ignoramos, actuamos apoyados en la herida y pecamos agrandando el daño o todo lo contrario puede ocurrir si recurrimos a Jesús y en vez de esconderlo en lo oscuro, lo ponemos ante

Su luz y decidimos dejarle a Él sanarnos con Su Presencia y Sus Palabras.

Las emociones sí importan

Algunas personas no le dan importancia a las emociones, pero las emociones son muy reales. Además la Palabra de Dios no excluye nuestras emociones. La Palabra de Dios reconoce y muestra empatía ante el dolor emocional, aunque por otro lado no acepta las emociones dañinas y nos manda a cultivar emociones sanas (amor, paz, gozo, etc.) Las emociones no deben ser reprimidas o negadas, no podemos catalogar las emociones como 'pecaminosas' o 'satánicas' mejor aún debemos exponerlas a la luz de Jesús para que en Su Presencia estas emociones puedan ser sanadas y restauradas de tal forma que con nuestras emociones redimidas, demos gloria a Dios. Cuando nos entregamos a Dios, nos comprometemos a ser transformados por entero, para que reflejemos a Jesús hasta con nuestras emociones.

Podemos comparar las emociones con los niños. Son un regalo de Dios, pero si no se disciplinan se convierten en problemas. Una emoción sin disciplina luego crece y se convierte en un comandante que va a querer intervenir en nuestra mentalidad y en nuestra forma de vernos y en nuestras relaciones, etc. Las emociones debemos declararlas inocentes, no son ni buenas ni malas, lo que hacemos con ellas sí puede entonces ser catalogado bueno o malo.

Todas las emociones están bajo nuestro dominio y pueden ser alteradas con el desuso o el abuso, o con las heridas y traumas, especialmente son alteradas cuando somos niños. Siguiendo la comparación de las emociones con los niños, nuestras emociones son egoístas o tienden hacia lo malo; es que son de naturaleza pecadora y por ende, deben ser redimidas. Las emociones deben pasar por un entrenamiento y ser restauradas y transformadas con el Poder de Dios. Esto también es parte del crecimiento espiritual, a veces muy escaso. En la vida podemos encontrar gente vieja pero que no creció. Hay que crecer antes de envejecer. Nuestras emociones deben servir a Dios nuestro Señor.

Últimamente muchos científicos afirman que las emociones o sentimientos son químicos que el cerebro envía a través de nuestro cuerpo en respuesta a ciertos estímulos. Las emociones o sentimientos, buenos y malos, funcionan como un combustible para ciertas acciones. Esto; dependiendo de cómo lo manejamos, nos hace bien o mal. Por ejemplo: cuando sentimos ira, quiere decir que algo nos molesta mucho. No debemos negarlo ni reprimirlo pero tampoco debemos explotar encima de nadie o reaccionar sin meditar. Hay que descubrir qué está señalando este sentimiento de ira para expresarlo de una manera sana y responsable. Esta es la forma en que crecemos y maduramos.

Un hábito emocional puede convertirse en un patrón de conducta. Estos hábitos emocionales pueden ser bueno o malos. Con el tiempo esto puede convertirse en algo tan fijo en nosotros que ya es como natural o de nuestra propia forma de ser, el sentir y actuar de esa forma. La ira es una emoción que debemos expresar sin pecar (Ef 4,26). Cuando la ira es repetitiva, muestra que tiene una raíz y cuando esta herida raíz no se sana, pues se repite. Esto puede ir convirtiéndose en odio, violencia y desembocar hasta en algo muy dañino o hasta criminal. (Mt 5, 21-26). Estas emociones repetitivas hasta se reflejan en el cuerpo, se notan en la postura y en las expresiones. La ira vemos como cambia el rostro de la gente que repite esta emoción, se refleja en su cara, pero el gozo, la paz y otras emociones positivas también se notan en el cuerpo y las facciones.

Los hábitos emocionales dañinos o emociones no sanadas alteran nuestros 'apetitos' y se pueden convertir en 'avenidas' para nuestros deseos carnales. "De esta manera vivíamos en otro tiempo, siguiendo nuestros malos deseos y cumpliendo los caprichos de nuestra naturaleza pecadora y de nuestros pensamientos" (Ef 2,3) y "no dejen ustedes que el pecado siga dominando en su cuerpo mortal y que los siga obligando a obedecer los deseos del cuerpo. No entreguen su cuerpo al pecado, como instrumento para hacer lo malo. Al contrario, entréguense a Dios, como personas que han muerto y han vuelto a vivir, y entréguenle su cuerpo como instrumento para lo que es justo para él. Así el pecado ya no tendrá poder sobre ustedes, pues no están sujetos a la ley sino a la bondad de Dios." (Rom 6,12-14).

Estos hábitos emocionales no sanados por Jesús pueden formar ataduras espirituales y hasta alterar la química del cerebro creando 'necesidades' malsanas de alcohol, droga, dependencia de ciertas personas o espíritus haciendo luego de la persona un esclavo hasta el punto de abrirse a influencias demoníacas. (Más adelante en este libro hablaré más específicamente sobre esto, pero es bueno ahora puntualizar que los espíritus malos o demonios se 'acomodan' o se 'agarran' de las heridas emocionales o traumas no sanados).

Algunos de estos hábitos emocionales son heredados de nuestros padres, venimos con una predisposición psicológica y emocional. Lo traemos como dicen por ahí, en la sangre. Obviamente esto puede ser totalmente cambiado por el Poder de la Sangre de Jesús en nosotros. ¡Su sangre es más poderosa que la sangre de nuestra familia!

Las experiencias traumáticas violentas, como una muerte sangrienta, abuso o divorcio, causan un 'remolino químico' que se graba en la memoria y las células de nuestro cuerpo. Si las emociones que vienen de esos momentos no se canalizan ni se sanan se quedan como una especie de bloqueo en nuestro cuerpo. Esto provocará unas recaídas cíclicas, como unas reacciones automáticas fundamentadas en aquellas emociones no resueltas que provienen de aquellos graves traumas. Esto puede tomar la forma de ataques de pánico, dolores repetitivos de cabeza, depresión, angustia, úlceras y miedos.

Es posible sanar interiormente

Los 'remolinos emocionales' toman tiempo para sanar, generalmente son un proceso que requiere paciencia y cooperación para una restauración total. Esta cooperación es tanto de quien ora, que en ocasiones tendrá que ser en varias sesiones, pero también de quien recibe.
Sabemos que Dios puede hacerlo de una vez, pero Él respeta a cada cual y respeta el ritmo de recuperación y apertura de cada persona. Nosotros no debemos ni podemos exigir a nadie que haya sufrido una experiencia traumática: "¡Cambia, eso ya pasó!". Mejor aún podemos pacientemente ayudar a esa persona a abrirse a Jesús.

Es bueno recordar que uno de los métodos preferenciales de Jesús para ayudar a que seamos sanos son las preguntas: "¿Pedro, por qué te pones así cuando ves fuego? ¿El fuego te recuerda algo doloroso?" Es que para que algo sane es necesario hablar sobre eso. Cuando dejamos salir los sentimientos, entonces podemos ver lo que hay detrás de ellos (la raíz) y qué podemos hacer para sanar. Cuando aprendemos a orar diariamente o con regularidad y nos abrimos sentimentalmente a Dios vamos sanando las heridas de la vida. Ejemplo de esto nos lo dio Jesús, que recibía el rechazo de los fariseos y la incomprensión de su misión por parte de parientes y familiares y hasta tenía discusiones con sus discípulos. Jesús se apartaba a estar con Su Padre Dios y recibía regularmente sanación interior, para luego poder seguir dándose en el servicio sin obstáculos.

En el Antiguo Testamento tenemos el ejemplo del rey David,

principalmente en sus salmos; eran canciones en las cuales expresaba sus emociones a Dios y el Señor le iba sanando. Las experiencias dolorosas las sanamos cuando 'visitamos de nuevo ese momento', ya sea conversando o imaginándolo para reinterpretar en la Presencia de Jesús y siempre a la luz de Jesús lo que Él estaba haciendo por y en nosotros en ese momento de dolor. Cuando 'vemos' o 'sentimos' a Jesús allí con nosotros, entonces y solo entonces sanamos. De esta manera se 'despega' el dolor del recuerdo y se 'borra' de las células del cuerpo. Sanamos cuando recordamos aquello que tanto daño nos hizo, pero ahora lo recordamos sin dolor, pues allí vemos al Señor.

Es por esto que no debemos, ni podemos 'enterrar' los malos recuerdos y no volver a hablar de ellos. Esos secretos familiares matan. Siguen vivos, pero en secreto, y todo lo que sigue vivo buscará la forma de salir. Buscará ese recuerdo la forma de llamar la atención. Esta llamada de atención podría ser: un dolor en el cuerpo, pesadilla, enfermedad, actitudes defensivas, cambios repentinos de ánimo, arranques de ira, actos pecaminosos, venganza, estar a la defensiva, relaciones disfuncionales y de dependencia errónea.

Ya los científicos afirman que más de un 60% de los problemas físicos tienen una raíz psicológica y/o emocional. Las enfermedades psicosomáticas son las más comunes. Esto no debe ser rechazado por los que oramos por los que sufren o por los enfermos; debe ser tomado muy en cuenta. Muchas veces he notado que en ciertos ambientes de la Iglesia se rechaza la sanación que Jesús provee en esta área, creo que esto pasa:

a) porque ciertos líderes en la Iglesia mal enseñan su propia realidad. Si ellos viven desconectados de sus propios sentimientos y problemas van a enseñar a los demás a hacer lo mismo. Se les va acumulando interiormente una suma de problemas sin resolver y se endurecen, mal creyendo no necesitar sanación interior. Esa rotura interior se va reflejando poco a poco hasta explotar, y en ocasiones esta explosión es escandalosa y dañina para muchos alrededor.

b) también en algunos ambientes se rechaza la sanación interior pues tienen una incorrecta 'teología' llevando a las personas a una incorrecta creencia. Algunos dicen, "si ya somos una nueva persona en Cristo, entonces ya, no tenemos porque lidiar con las heridas o traumas de nuestro pasado". "Todo eso se arregló cuando nos convertimos y nos entregamos a Dios". Esto en el fondo nos lleva a ignorar las heridas vivas que exigen atención. Las personas con heridas en estas comunidades son meramente toleradas y en ocasiones se sienten tan fuera de sitio y rechazadas que terminan yéndose al mundo, o a la brujería, y en el mejor de los casos para otra iglesia donde se les acoge con misericordia y se ora por sus heridas.

Dios sana las heridas interiores enviándonos a Jesús envuelto en el Poder de Su Santo Espíritu. Jesús también sufrió emocionalmente. Conoce los efectos de los dolores 'en el corazón'. Sabe lo que es tener los sentimientos heridos. Jesús en su muerte y resurrección absorbió todo el dolor posible de la humanidad. Él fue víctima de los pecados de otros, así como nosotros hemos recibido heridas por los pecados, acciones y/o actitudes de otros. Dios ha tenido misericordia con nosotros regalándonos a un Salvador que fue 'varón de dolores y sabedor de dolencias' (Is 53,3). Toda experiencia y todo recuerdo doloroso encuentra luz y sanación en Jesús, Su vida, Su muerte, Su Resurrección Poderosa. Dios pone su medicina en nuestras heridas. Su medicina es el Espíritu Santo que, como un aceite, se mete entre los vericuetos del alma para sanar, consolar. El Espíritu Santo, descrito por Jesús como el 'dedo de Dios' es capaz de entrar y tocar las profundidades de nuestro interior. El mismo Espíritu Santo nos empodera para que seamos colaboradores con nuestra propia salud interior, que no nos quedemos pasivos esperando ser sanados, nos da el poder para renovar nuestras actitudes, mentalidades y acciones para ser verdaderamente nuevas personas en

Cristo.

Testimonios de Sanación Interior

Hace muchos años conocí a un joven que por mucho tiempo se acercó a mi casa como para encontrar refugio. Mi esposa y yo le acogimos con mucho cariño. Con el paso del tiempo, un día abrió su corazón y me contó algo que le había sucedido cuando niño. Me contó que sus padres salían a trabajar y cuando él llegaba del colegio se quedaba una mujer empleada para cuidarlo. Un día después de bañarse, aquella mujer entró a su habitación y comenzó a tocarle sus genitales. Él dice que esto le asustó mucho, pero que ella le decía que eso era normal y que se relajara. Aparentemente había un bloqueo en sus recuerdos pues no lograba recordar cómo esto dejó de suceder. Sí recuerda que ella le decía que no podía decir nada a sus padres, que si les decía ella le iba a decir que era mentira. Él le creyó y nunca dijo nada. Esto se repitió varias veces.

Esto distorsionó los apetitos sexuales de este muchacho. Sin llegar a decime sus pecados, aunque los intuía, me dijo que él tenía tentaciones sexuales muy fuertes, que luchaba mucho con la masturbación y además no podía dejar de ver a las personas del sexo opuesto como un objeto para tener placer sexual.

Este joven recibió un abuso sexual a temprana edad y esta raíz traumática tenía sus ramificaciones. Al haber recibido esto a tan temprana edad se le grabó en su memoria y esto logró alterar la química de su cerebro, alterando su percepción sexual, porque esto 'se lo despertaron' antes de tiempo. Ahora bien, lo que él vivió es la razón de su 'visión distorsionada' de su sexualidad, pero no es la excusa para permanecer y acomodarse en ello. Obviamente, él no quería seguir así; precisamente me contó todo esto para que orara por él. Él estaba en un momento de su juventud en el cual ya quería una pareja estable y se daba cuenta que no podía lograrlo pues todas las muchachas a las que el se acercaba él terminaba ofendiéndolas pues siempre caía en la tentación de proponerles algo que en fondo no era más que para su satisfacción sexual.

Le pedí cerrar sus ojos, en oración pedí auxilio al Espíritu Santo. Pedía a Jesús que se hiciera presente, y le dije al muchacho que usara su imaginación: "Imagínate que estás en tu habitación aquel primer día que esto te pasó. Te acabas de bañar y aquella mujer entra. Se acerca a tocarte. No te habías dado cuenta pero ahora Dios abre tus ojos y mira bien a ver si ves a Jesús en tu habitación". En ese momento le hablé a Jesús: "Señor Jesús manifiesta tu presencia. Para ti no hay limitación de tiempo ni espacio". Le pregunté si estaba viendo a Jesús. Me dice que no, pero que una gran luz brillaba detrás de él en su habitación. Le dije: "Voltéate y mira". Me dice: "¡Es Jesús! Me mira con cariño, pero cuando la mira a ella pone cara de que no está de acuerdo con lo que ella me está haciendo" Le pregunto y ¿la mujer?: "Ella al principio no pone caso, pero la luz brilla tanto que le molesta y se va". En ese momento hago silencio y el muchacho comienza a llorar. Entre sollozos dice: "Estuviste conmigo, sabes que no fue mi culpa. No me rechazas. No sabía que estabas conmigo aún en el momento que me creía más solo." (Muchas heridas traumáticas nos marcan con una profunda soledad que nos lleva a grandes tentaciones, solo la Presencia Poderosa de Jesús puede sanar estos traumas).

En algunas ocasiones que he contado este testimonio en retiros o congresos, luego personas se me acercan a decirme: "Pero si realmente Jesús estuvo ahí ¿por qué dejó que pasara". En el fondo no tengo una respuesta sólida, lo que sí yo sé es que esto no lo hizo Jesús. Lo hizo una mujer mal influenciada por el diablo. Esta mujer pecó sobre un niño inocente. Por otro lado, la autoridad sobre un niño la tienen sus padres o a quienes sus padres se la den. En este caso los padres dejaron al niño con esta persona. Esto no quiere decir que es culpa de los padres, la mujer decidió hacerle esto al niño. Yo me atrevo a asegurar que Jesús intentó comunicarle a los padres no dejar al niño con aquella mujer y además de que cuando este abuso estaba ocurriendo seguro 'brilló con su luz' sobre la consciencia de aquella mujer para que esto no sucediera.

Seguimos con el testimonio. Le puse mi mano en el hombro al muchacho y oré en lenguas unos minutos. Dije en voz alta: "Que aquella misma Luz de Jesús que brilló detrás de ti en el día que te hirieron brille sobre ti ahora y te purifique tu mente. Que esta luz limpie tu apetito sexual, tus emociones y tu cuerpo. En el Nombre Poderoso de Jesús rompo con cualquier complejo de culpa o vergüenza por lo ocurrido aquel día. No fue tu culpa. Jesús ahora te viste con Su Presencia y te sana." Luego de esto le dirigí en una oración de perdón, en la cual perdonó a aquella mujer y perdonó a sus padres por haberlo dejado solo con la persona equivocada.

Hoy día esta persona es un joven profesional que vive una vida normal y para la gloria de Dios ha reinterpretado aquel suceso doloroso. Ya aquello no tiene más dolor, aquello ahora le recuerda cuánta luz de Dios brilla sobre él, cuando él se deja envolver por la Presencia de Jesús.

En otra ocasión estaba junto a mi amigo Sergio Soto, predicando en un Congreso de la Renovación Carismática en la ciudad de Mexicali, en México. En uno de los recesos una pareja nos pide orar por su niñito. Accedemos y nos traen a un joven mucho más fuerte y grande que nosotros. (Es que los padres siempre vemos a nuestros hijos chiquitos). La razón por la que querían que oráramos por él es que tenía un problema de tartamudez muy fuerte. Cuando lo intentamos entrevistar apenas lograba hablar. Los padres fueron respondiendo las preguntas que hacíamos. Una de las preguntas que hicimos fue: "¿Desde cuándo comenzó a tartamudear?" No nos supieron dar una edad, pero sí nos dijeron que desde muy pequeño y que con el tiempo fue empeorando y que mientras más nervioso se siente peor se pone.

Las personas que sufren de tartamudez sufren mucho, pues no se pueden expresar como en el fondo quieren. Además que este problema acarrea muchas burlas y comentarios difíciles de borrar de la memoria. Comencé la oración orando por el cerebro, por si acaso había algún daño que le causara esto. En esto, Sergio tuvo una imagen mental y dice al muchacho: "Te veo como de 4 años de edad y que vas a tomar algo en una mesa y te subes, no alcanzas y te caes de espalda. Gritas a tus papás pero ellos no estaban cerca para ayudarte." Preguntamos si esto tenía sentido para ellos o si lo recuerdan así. Ellos dicen que sí, que esto le pasó a los 4 años de edad. De repente, vinieron a avisarme que me tocaba ir a dar la próxima prédica. Tuve que dejar a Sergio haciendo oración con el muchacho y sus padres. En la oración Sergio oró por el susto que tuvo el niño al caer, por la sensación de abandono. Sergio le preguntaba si se sintió abandonado. Él dice que ahora recordaba que se había desmayado y que despertó en el hospital con sus padres, pero que al desmayarse estaba solo.

Los padres, que estaban allí escuchando todo, se acercaron a él, lo abrazaron y le dijeron cuánto lo amaban y que sentían mucho no haber estado allí cuando se cayó. El papá le pidió perdón porque a lo largo de los años él se molestaba con su hijo porque no hablaba normalmente. Estos tres: papá, mamá e hijo se abrazaron, lloraron y se mostraron amor mutuo.

Al terminar la oración, se fueron con mucha paz y agradecimiento. Meses después Sergio fue a predicar cerca de esta ciudad y ellos se trasladaron hasta allá para contar la maravillosa y buena noticia de que Jesús había sanado completamente al joven de la tartamudez. Aparentemente aquella caída había grabado en las células de su cuerpo o su cerebro una herida de abandono y menosprecio, que fue sanada con el Amor de Dios y de sus padres al revivir el suceso en un ambiente de Presencia de Dios y de amor de sus padres. Esto reactivó, sanó lo que fuera que se había dañado y ahora aquel joven estaba sanado de aquella condición del habla.

Este es un signo de cómo algunas heridas emocionales afectan nuestro cuerpo y cómo el revivir el momento con Jesús lo puede cambiar absolutamente todo. ¡Gloria a Dios!

Cómo sanar interiormente

Una vez se identifique algún síntoma que apunte a una herida interior o los efectos de un recuerdo doloroso recomiendo los siguientes pasos: (Lo puedes usar para otros o contigo mismo). Lo esencial es que sea en Presencia de Jesús, pídele a Él que te acompañe:

a) **Enfrentarlo**: Hay que ayudar a la persona a descubrir lo que hay detrás de su problema, buscar la raíz del mal que sufre. Es la única manera de reconocer lo que causa el mal y de apropiarse de su historia para así trabajar juntos en el proceso de sanación interior.

b) **Revivirlo a la luz de Jesús**: Hay que hablar sobre el suceso doloroso, sacarlo del 'hoyo de los secretos' en un ambiente de oración en el cual la persona sufriente se deja 'envolver' por la Presencia de Jesús. Hay que exponer el dolor frente al Señor. Revivir en la mente el suceso pero sobre todo revivirlo con Jesús presente. Animar a la persona a ver a Jesús en el momento doloroso pues solamente Él puede sanar el dolor de aquel recuerdo. A veces recomiendo ver a Jesús absorbiendo todo el dolor como lo haría una esponja y luego ver como Él pone su ropa limpia sobre el sufriente. Otra versión sería darse un baño en el río del Espíritu Santo y mientras te bañas en ese río bebe del agua viva que sana.

c) **Romper con las mentiras del diablo**: Es necesario sustituir las grabaciones mentales generadas por las heridas del pasado con las verdades o valores de la Palabra de Dios. La Verdad de Dios rompe con las mentiras del diablo. Aunque alguien se haya sentido solo en un momento doloroso, realmente no lo estuvo. Lo malo que pasó no vino de Dios que es Bueno. Vino del autor del mal que es el diablo. Hay una mala creencia de que Dios envía males para hacer bien. No es cierto. Dios aprovecha el mal para hacer el bien, pero esto no quiere decir que Dios lo envía o lo desea. Esto va en contra de la fe. Santiago 1,13 dice que no pensemos que Dios nos pone el mal para que caigamos, pues Dios no es así. Sí es cierto que del mal Dios puede sacar el bien (Rom 8,28). No hay ningún dolor que Dios no pueda sanar. Ni ninguna situación de la cual no pueda sacar una bendición.

d) **Recibir y dar perdón**: En el proceso de oración para sanar el interior debe de incluirse el perdón. Sin perdón no hay sanación interior. Muchas de las personas que han sido víctimas de violaciones o abusos tienen un falso sentido de culpa. No son culpables, fueron víctimas. Otra cosa es cuando alguien toma como excusa sus heridas del pasado para vivir una vida de pecado. Pero aún en este caso la persona puede arrepentirse y pedir y recibir perdón de Dios. Es necesario perdonar a la persona que hizo el daño o que causó la herida interior. Es necesario aclarar que la falta de perdón es uno de los obstáculos principales para sanar tanto interiormente como físicamente. El perdón, a diferencia de la creencia de muchos, es una decisión y no una emoción o sentimiento. Podemos perdonar aunque no sintamos el perdonar. Al decidir perdonar, nuestros sentimientos comenzarán a sanar. (Hablaremos más de esto en el capítulo de las relaciones).

e) **Cortar las ataduras o las dependencias emocionales**: Luego de recibir perdón y dar perdón, el paso subsiguiente es cortar con las ataduras creadas por la persona que causó la herida con el herido. En ocasiones se crean unas dependencias erradas, por ejemplo: Una vez oramos por un joven que tenía una atadura con el hombre que le violó sexualmente cuando niño. La atadura se manifestaba con una admiración inconsciente que le llevaba hasta imitar el estilo de vida de quien le hizo daño. Esto hay que cortarlo en el Nombre de Jesús, en ocasiones, yo uso la imaginación, tomando unas tijeras espirituales que corten con estas ataduras invisibles pero reales.

f) **Disolver las herencias**: Heredamos de nuestros padres y ancestros heridas psicológicas y emocionales. Hay familias que sufren de depresión o ira, alcoholismo o violencia. Estas predisposiciones genéticas nos pueden llevar a repetir los males de nuestros predecesores. Nosotros debemos renunciar a esta herencia y apropiarnos de la Sangre de Jesús que es más poderosa que la sangre que heredamos de nuestros familiares. La genética de la Sangre de Jesús es más potente.

h) **Ceer en el Poder de la Resurrección**: El Poder sanador de Jesús, así como restauró el cuerpo herido de Jesús, puede restaurar las emociones heridas de nuestro interior. El torbellino de emociones que crea hábitos de conducta impropios puede ser calmado por el Poder de Jesús. Allí donde hubo muerte hoy refleja vida, así como en el sepulcro donde estuvo Jesús. Es necesario creer y decir que allí donde hubo violencia habrá paz, que allí donde hubo odio resurgirá el amor, que allí donde hubo impureza correrá la pureza de Dios. Es el momento para consagrarnos a Dios y dejar que su Espíritu Santo fluya. Que toque el interior y que toque las partes del cuerpo que pudieron ser usadas para el mal y ahora consagrarlas a Dios.

Citas bíblicas para meditar y orar:

"Yahveh sana a los de roto corazón, y venda sus heridas".
Salmo 147,3

"Los curaré, les daré la salud y haré que con honra disfruten de paz y seguridad"
Jeremías 33,6

"¿Acaso olvida una madre a su niño de pecho, sin compadecerse del hijo de sus entrañas? Pues aunque ella llegase a olvidar, yo no te olvidaré. Isaías 49,15

"He visto su conducta, pero lo sanaré y le daré descanso y tranquilidad completa. Yo consolaré a los tristes, y diré a todos: "¡Paz a los que están lejos, y paz a los que están cerca! ¡Yo sanaré a mi pueblo!" Isaías 57,18-19

"El Espíritu del Señor está sobre mí, porque me ha consagrado para llevar la buena noticia a los pobres; me ha enviado a anunciar libertad a los presos y dar vista a los ciegos;
a poner en libertad a los oprimidos; a anunciar el año favorable del Señor."
Lucas 4,18-19

Oración:

Señor Jesús envuélveme en tu Presencia. Envuélveme en tu Espíritu Santo.
Brilla sobre mí con tu Poderosa Luz.

Acompáñame a revivir el momento más doloroso de mi vida. No me dejes solo te necesito en cada instante de esta oración. Dependo totalmente de tí.

(Recuerda ese momento imaginando a Jesús allí contigo)

(Pídele a Jesús que te muestre lo que Él estaba haciendo y/o sintiendo en ese momento)

En el Nombre de Jesús renuncio a los efectos dañinos de esta herida. Renuncio al dolor causado y me apego a Jesús.

Corto y rompo con toda atadura con cualquier persona, pecado o sustancia. Recibo de Jesús su Espíritu Santo que me sacia y me balancea los químicos en mi cerebro y mi cuerpo.

En el Nombre de Jesús, recibo libertad de las grabaciones en mi cuerpo recibidas en aquel impacto emocional. En el Nombre de

Jesús soy libre para no volver a sentir lo que me grabaron. Amén.

Preguntas para reflexión individual o en grupo:

1. ¿Qué aprendiste de la sanación interior que recibieron los discípulos de Emaús?

2. ¿Qué aprendiste de la sanación interior de Pedro?

3. ¿Hasta este momento qué es lo que entiendes sobre sanación interior?

4. ¿Después de leer este capítulo has aprendido algo nuevo? ¿Qué exactamente?

5. Planifica leer este capítulo en tu grupo comunitario de oración. Que cada persona piense en su historia. Propicien un momento para compartir sentimientos heridos o recuerdos dolorosos. Túrnense para orar el uno por el otro. No compartan los recuerdos solo para llorar sino para escuchar y orar. Llorar por llorar y quedarse en el dolor no ayuda. Sigue los pasos anteriores para orar por sanación interior. Mira lo que hace Dios y reflexiona en lo que aprendiste.

CAPÍTULO 3
SANACIÓN DE LAS
RELACIONES

Ejemplos en la Biblia

La relación de José y sus hermanos (Génesis 37. 39-46).

Una de las historias más dramáticas de problemas familiares es la historia de José. José es el hijo de la ancianidad de Jacob. Jacob siempre fue muy tramposo y engañador. Vemos que en la conducta de sus hijos hay herencia de esto. Veamos la historia de la relación de José con sus hermanos.

Antes de la ruptura en la relación

En toda familia las personas que ponen las bases, los límites y el tono de comunicación en las relaciones son papá y mamá. Algunas cosas se heredan genéticamente, pero otras 'se chupan' del ambiente familiar. Jacob nunca cuidó el trato que tuvo hacia

José; los demás hijos notaban la predilección. En una ocasión recibió de regalo delante de sus hermanos una túnica única. Ningún otro hijo recibió un regalo así. Esto fue como la 'gota que rebosó la copa'. Los hermanos de José, después de aquel regalo, no podían ni querían verlo. (Gen 37,3-4).

Jacob estaba de cierta forma repitiendo lo que él vivió en su familia, pues su padre Isaac hizo lo mismo. Jacob vio como su papá prefería siempre a Esaú. A pesar de los problemas que Jacob/Israel vio en su familia, para él esta forma de relacionarse era lo normal. Pero como hemos dicho antes, esta era la razón de comportarse así, no la excusa para seguirlo haciendo. Hacer esto con sus hijos, generó entre los hermanos una muy mala relación.

A todo esto se le suma que José comenzó a tener sueños proféticos. En estos sueños Dios le revelaba que en el futuro él 'recibía reverencias' de parte de los demás. La Palabra de Dios nos dice 'la forma en que él contaba' los sueños a sus hermanos generó ira en sus hermanos. En ocasiones los problemas relacionales se crean no sólo por lo que uno dice, sino por la forma en que lo dice. Quizás hubiese sido muy distinto esto si José lo hubiese contado de otra forma. (Gen 37,8).

La relación de hermanos se rompe

Un día Israel envía a su hijo José a visitar a sus hermanos y viese si ellos y las ovejas estaban bien. Pero dice la Palabra de Dios que: "Ellos lo vieron venir a lo lejos, y antes de que se acercara hicieron planes para matarlo. Se dijeron unos a otros:
—¡Miren, ahí viene el de los sueños! Vengan, vamos a matarlo; luego lo echaremos a un pozo y diremos que un animal salvaje se lo comió. ¡Y vamos a ver qué pasa con sus sueños! (Gen 37,19-20).

Rubén se compadeció e impidió que lo mataran, pero aún así José fue vendido como esclavo a unos madianitas que pasaban por aquel lugar. Luego José fue comprado por Potifar, un alto funcionario de Faraón y capitán de los guardias. (Gen 37). Luego mancharon aquella túnica que tenía José de sangre de animal para hacerle creer al padre que había muerto.

Lejos de sus hermanos

José se ganó el favor de Potifar y llegó a ser encargado de toda su casa y de todas sus posesiones. La esposa de Potifar intenta seducirlo. José se niega y ella miente logrando la encarcelación de José. Duró allí, aparentemente, varios años. Pero Dios, lo bendijo y lo acompañó en la cárcel también. José llegó a ser el encargado de todos los demás presos.

José, a pesar de todo el dolor que había sufrido, 'hacía todo bien' tanto en la casa de Potifar como en la cárcel. Esto muestra no sólo la bendición de Dios sino la colaboración de José con el Espíritu de Dios.

Gracias a que José había accedido a interpretar los sueños de unos sirvientes del Faraón. Él se da por enterado de que alguien podía interpretar unos sueños que él había tenido pero no había entendido y nadie en Egipto había podido descubrir el significado de esos sueños. José interpreta los sueños y esto hace que lo coloquen en la posición de Primer Ministro de Egipto, administrador de todos los productos de Egipto tanto durante los años de abundancia como en los años de escasez y hambruna. (Gen 41)

Sanación de la relación de José y sus hermanos

Cuando el hambre llega donde vivía Israel y sus hijos, decide Israel enviar a sus hijos a Egipto para comprar alimentos. José los reconoció inmediatamente, ellos no sabían que era su hermano. (Ellos habían despedido a su hermano como esclavo y ahora tenían enfrente a un Primer Ministro, no podían imaginarlo ni reconocerlo).

José reacciona cuando ve a sus hermanos; como dicen por ahí, respiró por la herida y al inicio les trata bruscamente. José se entera de que tiene un nuevo hermano, uno que no tuvo nada que ver con todo lo que él había sufrido y exige que para poder seguir comprando comida en Egipto debían traérselo. Era la única forma de ellos demostrar que no eran espías. Israel se niega hasta que le hace falta más comida.

Cuando José ve a Benjamín, su nuevo y joven hermano, tuvo que ir a su habitación a llorar, pues aún no quería ser reconocido por ellos. (Gen 43,30) Como decía en otro capítulo hay distintas formas de llorar. En este caso José estaba recibiendo sanación del odio que había recibido, pues por primera vez estaba en un ambiente de camaradería entre sus hermanos mientras comían y se alegraban. (Gen 44,30-34).

Llega un punto en la reunión, en el que José no pudo contenerse ante sus hermanos y pide a todos los sirvientes salir (Gen 45,1-3), se da a conocer a sus hermanos y nos dice la Palabra de Dios que 'lloró fuertemente' que hasta los egipcios se enteraron. José da un paso concreto que de seguro impacta a sus hermanos, pues él toma la iniciativa y les pide acercarse. No les grita que se alejen sino que los invita a acercarse y a abrazarse (Gen 45,14-15). La Palabra de Dios nos cuenta cómo lloraban y se abrazaban mientras se reconciliaban. Dice que después de esto sus hermanos se atrevieron a hablarle, pues ellos se habían asustado mucho al reconocer que aquel Primer Ministro era el hermano a quien tanto daño habían hecho; pero al ver que José los abrazaba y perdonaba se sentían libres para reanudar la relación.

La historia termina en que, gracias a que José tenía autoridad en Egipto recibe a Israel y sus hijos (los hermanos de José) y sus familias. Los acoge y les comparte de lo que él tiene. 'Pasa la página' de la historia, no se queda 'encerrado' en lo que le hicieron sus hermanos. Sus lágrimas muestran que sufrió mucho dolor interior pero esto no le impidió el decidir perdonar y reunirse de nuevo con su familia.

La relación de Pablo, Bernabé y Marcos (Hechos, Colosenses y 2 Timoteo).

En el Nuevo Testamento podemos notar la separación que hubo entre personas muy importantes y reconocidas en la primitiva Iglesia. Bernabé fue uno de los primeros en dejar posesiones, negocio y planes propios para ser misionero. Hechos de los Apóstoles lo describe como alguien lleno del Espíritu Santo y de fe. (Hch 11,24). Era reconocido por los apóstoles y si no fuera por él, Saulo, mejor conocido como Pablo, nunca hubiese sido aceptado en la Iglesia.

Bernabé era un arriesgado, por eso lo entregó todo y se hizo misionero, pero otro de sus riesgos fue el confiar en Pablo, cuando nadie en la Iglesia confiaba en él. Cuando Saulo se convierte los Apóstoles no confiaron, pues hasta hacía poco mataba a los creyentes en Jesús y lo mandaron a su casa. Saulo/Pablo obedientemente se fue a su casa, hasta que alguien se acordó de él y lo fue a buscar para que lo acompañara a una misión. (Hch 11,25). Bernabé fue a buscar a Pablo.

Bernabé había sido encargado de la ciudad de Antioquía por los Apóstoles. Pablo fue su ayudante durante un año completo. Ahí se hicieron amigos y la Iglesia comenzó a confiar en Pablo. Todo esto gracias a Bernabé. Con el tiempo Bernabé y la Iglesia fueron reconociendo la capacidad de liderazgo de Pablo. Al inicio se hablaba en la primitiva Iglesia de 'Bernabé y Pablo' (Hch 13,2.4) pero luego se hablaba de 'Pablo y Bernabé' o de 'Pablo y sus acompañantes' (Hch 13,13.43.46).

Bernabé tenía un primo, llamado Juan Marcos (Colosenses 4,10), quien en un momento de la primera misión, por alguna razón que desconocemos, había desertado y regresado a su casa en Jerusalén. (Hech 13,5.13). Este Juan Marcos, mejor conocido como

Marcos fue uno de los que escribió uno de los 4 Evangelios. En el segundo viaje de misión, Bernabé insistía en llevar a Marcos (Hch 15,36-40) Pablo se negó rotundamente. "Fue tan serio el desacuerdo que terminaron separándose" (Hch 15,39) Bernabé se fue con Marcos a Chipre y Pablo con Silas hacia Siria.

Estos dos amigos misioneros, hermanos de batalla, Bernabé y Pablo se separan por el desacuerdo en relación a una tercera persona llamada Marcos. Esto debió causar mucho dolor en los corazones de los tres, también mucho dolor en la Iglesia. En este suceso ellos no 'mantuvieron la unidad en el amor'. Amor y unidad no quiere decir que debemos estar de acuerdo en todo. Amor y unidad quiere decir que debemos trabajar nuestras diferencias en comunidad. Podemos estar de acuerdo en que estamos en desacuerdo y por ello no debemos dañarnos o separarnos.

La sanación de esta relación la descubrimos cuando Pablo escribe a los Corintios, aproximadamente 6 años después donde se nota que ya no estaban ofendidos el uno con el otro. Pablo habla de Bernabé en la carta como quien habla de un amigo y compañero de misión. (1 Cor 9,6). Pablo también se reconcilia con Juan Marcos, habla de él como alguien 'muy útil en el ministerio' (Colosenses 4,10; Filemón 24) y en 2 Timoteo 4,11 una de las últimas cartas de Pablo, pide que le lleven a Marcos pues necesita de su ayuda.

No sabemos a ciencia cierta si ellos tres volvieron a estar juntos en un mismo lugar, pero según lo que podemos tejer del Nuevo Testamento sus 'diferencias' fueron arregladas y pudieron trabajar para el bien del Evangelio y no en contra. Muchas comunidades y/o congregaciones se separan o desaparecen por las diferencias entre líderes o servidores. Esa divisiones son muy dolorosas, comparables a un divorcio, siendo el matrimonio una unión que el Nuevo Testamento comparada con la unión de Jesús con nosotros.

Las relaciones nos elevan o nos derriban

Las relaciones interpersonales son muy importantes para el ser humano. Las relaciones pueden ser lo que haga que una persona sufra tanto dolor que la vida le parezca un infierno, pero también las relaciones pueden ser la mayor fuente de sanación y felicidad que nos pueden hacer vivir el 'cielo en la tierra'.

Las carencias de buenas relaciones familiares y las carencias de sanas relaciones en la Iglesia nos incapacitan para funcionar como verdaderos hijos e hijas de Dios. Padres que transmiten sus carencias a sus hijos y luego la cadena sigue, generando así niños disfuncionales que luego serán adultos disfuncionales. Personas con disfunciones luego son líderes de grupos de oración o de regiones completas y transmiten sus males a los demás.

Algunas personas han acumulado en sus relaciones una suma de heridas sin sanar que los convierten en gente en constante enfermedad y con poca o ninguna funcionalidad en cuanto a las relaciones, sembrando miedos y angustias. Hay una unión muy fuerte entre la sanación interior y la sanación en las relaciones. Como decía anteriormente, cuando las relaciones más significativas de un ser humano andan mal puede ser una de las causas de mayor destrucción en su vida. Así también cuando alguien vive una armonía de amor y perdón en sus relaciones, su vida reflejará bendición.

Las relaciones nos afectan tanto pues la realidad en la que vivimos es relacional. Contrario a lo que mucha gente cree no es el dinero lo que hace que la vida sea vida, son las relaciones. Dios es relación. La Santísima Trinidad: Padre, Hijo y Espíritu Santo. Nosotros estamos hechos a imagen y semejanza de Dios. Nos creó 'hombre y mujer' para que nos relacionáramos (Gen 1,27). Hemos sido creados para tener relación con los demás. Fuimos creados por Amor y para el amor. Todos, creados por y para el amor. No importa la circunstancia en la que fuimos concebidos en el vientre de nuestra madre, Dios Amor está detrás de cada persona.

Nuestra relación primordial es nuestra relación con Dios. De nuestra relación con Dios fluyen nuestras demás relaciones. Así como nos relacionamos con Dios, así nos relacionamos con los demás (1 Juan 4,19-21). Hay una unidad invisible entre Dios y nosotros y esto se nota en cómo nos relacionamos entre nosotros. Las relaciones en nuestras familias y en la Iglesia deberían reflejar el Amor de Dios. Somos los bautizados, unidos en el Espíritu Santo, hermanos y hermanas, hijos de un mismo Padre. La Iglesia debería ser la medicina de las relaciones rotas. La Iglesia debe funcionar como un hospital que cura las heridas de la sociedad.

Jesús oró para que seamos uno y esta unidad es la condición que hará de la Iglesia un organismo/organización convincente para el mundo. "Te pido que todos ellos estén unidos; que como tú, Padre, estás en mí y yo en ti, también ellos estén en nosotros, para que el mundo crea que tú me enviaste." (Jn 17,21). La credibilidad nuestra está fundamentada en el amor que nos tengamos el uno al otro. Nuestro amor por los demás, por nuestros prójimos y por nuestros enemigos hará que la gente sepa que somos discípulos de Jesús. "Si se aman los unos a los otros, todo el mundo se dará cuenta de que son discípulos míos". (Jn 13,35) y "a ustedes que me escuchan les digo: Amen a sus enemigos, hagan bien a quienes los odian, bendigan a quienes los maldicen, oren por quienes los insultan. Si alguien te pega en una mejilla, ofrécele también la otra; y si alguien te quita la capa, déjale que se lleve también tu camisa. A cualquiera que te pida algo, dáselo, y al que te quite lo que es tuyo, no se lo reclames. Hagan ustedes con los demás como quieren que los demás hagan con ustedes. »Si ustedes aman solamente a quienes los aman a ustedes, ¿qué hacen de extraordinario? Hasta los pecadores se portan así. Y si hacen bien solamente a quienes les hacen bien a ustedes, ¿qué tiene eso de extraordinario? También los pecadores se portan así. Y si dan prestado sólo a aquellos de quienes piensan recibir algo, ¿qué hacen de extraordinario? También los pecadores se prestan unos a otros, esperando recibir unos de otros. Ustedes deben amar a sus enemigos, y hacer bien, y dar prestado sin esperar nada a cambio. Así será grande su recompensa, y ustedes serán hijos del Dios altísimo, que es también bondadoso con los desagradecidos y los malos. Sean ustedes compasivos, como también su Padre es compasivo. (Lc 6,27-36).

Dios Padre a través de Jesús nos ha confiado Su mensaje y Su Poder para perdonar y sanar. Más adelante hablaremos sobre la sanación del ambiente y esto depende mucho de las relaciones interpersonales. Desde el Antiguo Testamento Dios habló de cómo, si las relaciones están mal, el ambiente, la ecología, la economía lo reflejará. Los problemas relacionales no resueltos acarrean o atraen problemas sobre una familia, pueblo o ciudad. Esto lo vemos profetizado desde el Antiguo Testamento (Mal 4,5-6). Aquí la importancia de buscar siempre el estar en paz con todos (Heb 12,14) pues es sumamente importante para tener sanación integral o sanación en todas las áreas, nosotros los representantes del Reino de Dios en la tierra estamos llamados a tener relaciones sanas en nuestras familias, trabajos, parroquias, vecindarios, etc para que estemos 'cubiertos' por el Shalom de Dios.

Las 'raíces de amargura' de las que se nos habla en Hebreos 12,15 en algún momento fue una semilla sembrada antes de que se desarrollara. Antes de que todo árbol crezca debe sembrarse la semilla y en este caso para que exista una raíz de amargura debió sembrarse entonces alguna semilla de amargura y ser alimentada con algún abono de relaciones no resueltas, haciendo esto que no exista paz. Cuando esto ocurre no sólo se envenena una persona, sino todo el que esté ligado al problema y también se carga el ambiente y la comunidad o familia.

La santidad que nos permite ver al Señor es una realidad que existe entre nuestras buenas relaciones. La santidad no es una realidad aislada. La santidad nos hace un canal que une el cielo con la tierra y en el cielo no hay amargura, sino su dulce paz. Las personas abiertas a la santidad de Dios honran no solo a Dios sino a las demás personas en su vida, honran la creación que nos acoge y viven, por lo menos, buscando siempre una 'pacificación' con su entorno. Ver a Dios no es solo cuando vayamos al Cielo, es que en Su Presencia, con Sus lentes podemos ver a Dios en nosotros, en el otro y en la naturaleza.

Muchas personas dirán: "Pero es imposible estar en paz con todo el que me rodea". Entiendo que lo que la Palabra de Dios nos pide es que de nuestra parte hagamos todo lo posible para estar en paz con todo el que nos rodea. Es decir, que busquemos la reconciliación. Algunas personas rechazarán nuestros intentos de reconciliación y cerrarán la posibilidad de una relación sana. Nosotros no somos responsables de la decisión de otros. Sí somos responsables acercarnos nosotros a buscar o a dar perdón y hacer todo lo que esté a nuestro alcance para luego dejarle el resultado al Señor.

Recibimos de Dios la gracia para perdonar incondicionalmente y para buscar siempre la paz, para así erradicar con la 'amargura' y la violencia en las relaciones, permitiendo esto la sanación en las relaciones. La voluntad de Dios es que por lo menos desde nuestro lado sea una realidad esto: "Nosotros amamos a nuestros enemigos".

Las relaciones enfermas

¿Qué es una relación enferma? Una relación enferma es una relación que tiene uno o varios conflictos no resueltos. Este o estos conflictos afectan a las dos personas envueltas en él y también a sus allegados creando una cadena de mal. Es bueno tener claro que la cuestión no es que tengamos conflictos en nuestra vida, esto mientras estemos de este lado del Cielo es normal. Lo que no está bien o lo que no es normal para un habitante del Reino de Dios es tener conflictos no resueltos. Un conflicto no resuelto es como una infección oculta en el cuerpo que se desarrollará y regará su veneno de dolor donde pueda. Todo problema no resuelto en una relación debe ser enfrentado y sanado pues si esto no se hace herirá la relación de tal forma que la podrá matar y hacer que las personas se alejen hasta herirse más uno al otro, separarse, divorciarse, etc.

Las relaciones enfermas presentan síntomas tanto en una persona como en la relación como tal. Esto se nota en la actitud y/o en el lenguaje corporal de la o las personas en medio del conflicto. Ejemplo de esto son: tristeza, lágrimas, abandono físico, violencia verbal o física, enfermedad física, etc. Cada persona manifiesta los síntomas de distinta manera. Pero cuando alguien se niega resolver un conflicto o lo deja 'enterrado' sin enfrentarlo en el Señor, la amargura y el rencor inician su actividad y enferman la relación. En este caso, la persona en cuanto a su relación se enferma y sin darse cuenta esto puede tornarse en un hábito o costumbre. Se desarrolla un estilo de relacionarse, un estilo enfermizo de relacionarse con los demás. Lo peor sería que esta persona caiga en no poder relacionarse sanamente con nadie y que esté constantemente en conflicto con todos o abandonando a personas o rompiendo relaciones con todo el que logra acercarse.

Las causas de tener o mantener relaciones enfermizas pueden ser muy variadas. Pueden ser desde un mal entendido, que se resuelve explicando mejor cada persona lo que quería hacer o decir, pues si no esto hará que se hiera la relación y comience a enfermarse. El pecado es lo que nos ha dañado profundamente y por esto se nos dificulta el relacionarnos en paz con los demás. A esto se le podría sumar el que quizás venimos de un entorno familiar en el cual no aprendimos a resolver los conflictos y seguimos como si nada hubiese pasado, o de un entorno en el cual se manipulaba el perdón o se manipulaba con todo. Esto 'graba' en la persona y en los demás, modelos de relacionarse, creando patrones de conducta dañinos con abundantes conflictos sin resolver, falta de ánimo para buscar la reconciliación y al final se rompe la unidad. En casos extremos solamente el amor incondicional y permanente puede sanar estos patrones de conducta arraigados en alguien o en alguna relación enfermiza.

Nosotros los discípulos de Jesús estamos llamados a amar incondicionalmente, como Dios nos ha amado. Para lograr esto cada uno de nosotros debemos hacernos responsables de nuestra realidad herida, si tenemos la falsa idea de mantenernos culpando a los demonios y a los demás (aunque sea cierto que lo demonios y los demás nos han dañado) debemos apropiarnos de nuestra historia y ponerla frente al Señor. No podemos culpar ni a Dios, ni al diablo ni al otro por el hecho de que nuestra o nuestras relaciones estén enfermas; debemos responsabilizarnos. En toda relación hay más de una persona. De algo yo soy responsable y pido perdón. De lo que la otra persona me hizo, me toca a mi el perdonar. Dios no solo nos perdona y nos sana a nosotros, Dios perdona y sana a quien nos ha dañado. Ningún pecado o herida está fuera del perdón de Dios. Ni fuera del Amor Sanador de Dios. Nadie es una víctima en una relación, siempre que hagamos de Dios el fundamento de esa relación.

Relaciones sanas

Una relación sana es una relación en la cual hay perdón. En una relación sana se resuelven los conflictos y se restaura el trato mutuo. Es posible que, de acuerdo a la profundidad del conflicto, se requiera una etapa de rehabilitar la relación o de hacer posible que las personas vuelvan a un trato normal el uno con el otro.

Jesús dio instrucciones claras para tener relaciones sanas. Lo trágico de este asunto es que nosotros sus discípulos no le obedezcamos en esto y si nosotros no damos el ejemplo menos lo hará la sociedad en la que vivimos. Muchos cristianos vivimos una realidad producto o que es fruto de lo que nosotros mismos hemos sembrado.

Muchas oscuridades o sombras en familias o naciones vienen como fruto de los problemas no resueltos. Indicio de esto nos da 1 Jn 1,5-7. 'Dios es luz y en Él no hay tinieblas' y 'la unidad entre nosotros también es luz' si hay 'sombra' entre nosotros u 'oscuridad', es decir, tensiones, ira, odio, heridas u ofensas no perdonadas ¿Podrá entonces brillar en nosotros su luz? Pero si encendemos la luz de su perdón, la oscuridad se va, la sanación llega y hay espacio para restaurar la relación.

Veamos lo que Jesús propone para que tengamos relaciones sanas:

1) **Lo primero es enfrentar el problema cara a cara y con la intención de pedir o brindar perdón:** En una relación el primero que se dé cuenta de la existencia de una 'sombra' en medio de nuestra 'luz' debe verlo como una oportunidad para acercarse al otro para resolver el problema, sin tono de pelea, más bien con tono de amor y voluntad de arreglarlo todo. No ayuda en nada enfocarse en 'que si fue mi culpa' o 'culpa de la otra persona'. Sin tener que anunciarlo o publicarlo ante los demás, acercarse privadamente a dialogar. Mientras más cerca del suceso doloroso, mucho mejor; según la Palabra de Dios no se debe esperar la noche si ocurrió en el día (Efesios 4,25-28). Esperar mucho tiempo permite que el dolor o el endurecimiento se arraigue más y luego sea más difícil perdonar o pedir perdón. El estar cara a cara es para dialogar, jamás gritar ni exigir, es para abrir el corazón y comunicar los sentimientos causados por el problema, para compartir percepciones; cada persona tiene su versión, escucha y perdona o pide perdón. Para resolver el conflicto hay que 'conquistar' la voluntad de la otra persona mostrando arrepentimiento o reconciliación verdadera, solo así vendrá luego la sanación y el crecimiento en la relación, ya sea de

pareja, familiar o comunitaria.

Jesús habla de perdonar 'de corazón' cuando dijo la parábola del perdón (Mateo 18, 21-35). Mucha gente en la Iglesia dice que esto es difícil. Lo que pasa que esto requiere humildad, apertura de corazón, pero sobre todo fe en Dios. Evadimos el hablar cara a cara, evadimos perdonar la ofensa pues nuestro orgullo y falta de fe nos lo impide. Muchas veces se escuchan frases como: 'Si abro mi corazón y muestro mis sentimientos me verán como alguien débil' o 'Si perdono, entonces se van a aprovechar de mi' o 'Si perdono es como si estuviera de acuerdo con el daño que me hicieron', 'Lo que pasa es que si perdono no podré cobrar la demanda' o 'Si me piden perdón y muestran verdadero arrepentimiento y cambio... puede que perdone'. Del otro lado se escuchan frases como: 'No le daré importancia a lo ocurrido, lo enterraré y olvidaré' o 'realmente no dolió tanto' o 'Hablarlo no ayudará, creo que hará todo lo contrario y se empeorará más' o 'Eso pasó hace tanto tiempo, para que voy a desenterrar el tema ahora'. La cuestión es que nuestras 'emociones enterradas' buscarán la manera de salir con dolor. De nada sirve disfrazarlo, encubrirlo, morderse la lengua o hacernos los super-espirituales que nada sienten.

El perdón es una decisión que va delante de la sanación de nuestros sentimientos o emociones. Perdonar no nos lleva a escapar de la realidad, todo lo contrario: el perdón nos hace enfrentar la realidad y poner esa realidad bajo la luz de Dios. Él es el Salvador y Juez. El perdón es un acto de la voluntad, no es un sentimiento. Por ello el perdón no puede depender de si sentimos perdonar o no. Si los sentimientos están realmente heridos no podemos fundamentar el perdonar o no en ellos, tampoco es que ignoremos lo que sentimos; pero al perdonar damos el paso a que Dios pueda sanar nuestros sentimientos.

Nuestro perdón está fundamentado en Su perdón. A Jesús le costó mucho el perdonar pero lo hizo. Su muerte en la Cruz es nuestro perdón total. Lo curioso es que Su perdón está condicionado por nuestro perdón. Si no perdonamos, Dios no nos perdonará. (Marcos 11, 25; Mateo 6,12-15 y Efesios 4,32). El perdón es cosa de todos los días y no de una sola vez, más de 70 veces o 490 veces al día. El repetir la decisión de perdonar tantas veces genera una actitud de perdón en nuestro corazón, esto nos transforma verdaderamente en hijas e hijos de Dios. No perdonar es un perseguidor constante para quien así lo decide. El rencor o resentimiento persigue con pensamientos de tortura y desánimo muchos más dañinos que aquello que nos negamos a perdonar.

2) Lo segundo que Jesús propone es buscar ayuda en caso de que el primer paso no haya sido efectivo: Si las dos personas están por lo menos de acuerdo en que el conflicto no está resuelto, Jesús propone buscar 'dos o tres' testigos, pero estos testigos no son para 'echarle leña al fuego' más bien son llamados para colaborar con la reconciliación. Estos testigos deben escuchar ambas versiones sin tomar partido o parcializarse, para así:

- Entender a cada persona
- Ayudar a que cada uno se 'responsabilice' de su parte en el conflicto
- Facilitar el pedir o brindar perdón
- Acordar unos pasos concretos que ayuden a sanar la relación

Esta reunión puede ocurrir más de una vez. Si la relación es significativamente importante puede que sea necesario buscar consejería profesional o sicológica que les ayude a una sana reconciliación y restauración. Esto es bueno tomarlo en cuenta cuando se trata de conflictos matrimoniales o familiares que se suman y nunca se resuelven.

3) El tercer paso es involucrar a la comunidad: Este tercer paso es solo y únicamente en caso de que el anterior no haya cumplido el objetivo de sanar la relación. Pero involucrar a la comunidad no es que vamos a hacer un anuncio público tipo show tomando el micrófono en la próxima reunión de asamblea. Involucrar a la comunidad es comunicarlo al equipo de servidores y a quienes 'pastorean' la comunidad. Esto es para que ellos con su capacidad de liderazgo disciernan qué hacer con este conflicto no resuelto dentro de la comunidad. Si la comunidad es de pocas personas, entre 6 o 12 personas, pues se puede contar ante todos, siempre y cuando la relación que se cultiva en la comunidad sea de mantener en privado los problemas compartidos.

A diferencia del paso anterior, que era de mediación, en este paso es más bien de decisión. Los líderes o servidores van a tomar una decisión sobre el conflicto. Los líderes escucharán las dos versiones de las personas en cuestión y también escucharán a los 'dos o tres' testigos del paso anterior y tomarán decisiones al respecto. Llamarán la atención, en caso de que sea necesario, a la persona con mayor responsabilidad sobre lo ocurrido y podrán también poner alguna 'disciplina correctiva' para colaborar con el proceso de restauración de la relación enferma. Por ejemplo pueden pedir que: vayan a consejería o tratamiento sicológico, realizar ciertos actos de humildad, o recurrir al sacramento de la reconciliación (obviamente por separado).

4) El cuarto y último paso es la separación: Si el paso anterior no funcionó, especialmente si la persona con mayor responsabilidad en el conflicto no se sometió a la decisión de la comunidad o de los líderes y rechazó los pasos para restaurar la relación dañada es recomendable la expulsión o separación de la comunidad. Ya no participará de las reuniones y actividades oficiales de la comunidad. En caso de algún otro conflicto similar o diferente ya no contará con la protección de la comunidad pues ya esta persona decidió no someterse a la misma. En el fondo, este paso busca que la persona expulsada enfrente su 'dureza de corazón' y solo debemos llegar a este extremo 'con temor y temblor'. Y en este caso a la persona que queda afectada se le ayuda a perdonar incondicionalmente y a 'pasar la página'.

Miguel Horacio

Testimonios de sanación de la relación

Estaba predicando en un Congreso Diocesano de una gran ciudad en México y en uno de los recesos me piden orar por una mujer. Ella venía con cara de mucho dolor. Le pregunto: "¿Qué le pasa". Ella responde que "tiene un fuerte dolor en su abdomen". Con ella venía su esposo.
Nos sentamos en un lugar privado y le pregunté desde cuando tenía ella ese dolor. Me dice que le comenzó en el último momento de oración en el congreso. (Me he dado cuenta que cuando hay 'dolores que se activan en momentos de oración' pueden ser o conflictos no resueltos o algún espíritu de enfermedad).

Hago otra pregunta: "¿Nunca le había pasado esto?" A lo que ella responde que le viene regularmente durante el día, viene y se va y en momentos se intensifica. "¿Cuándo comenzó por primera vez?". Me dice que hacía en esa fecha 2 años. "¿Ha ido al médico?" Ella dice: "Sí, pero ellos no dicen nada concreto y me recetaron calmantes que no me quitan el dolor". (Esto me confirma que no es algo meramente físico). Sigo con la próxima pregunta de la entrevista: "¿Qué pasó alrededor de esa fecha que pueda estar conectado con este dolor abdominal?" Ella se queda pensando y me dice que no le pasó nada. (Mi intención era encontrar alguna raíz amarga para este dolor, pues en muchas ocasiones lo que los médicos no pueden encontrar tiene raíz sico-emocional y/o espiritual).

Yo sentía que no avanzábamos, pues ella decía que no había nada conectado a ese dolor de abdomen. Estaba a punto de hacer una simple oración de sanación física cuando de repente siento del Señor decirle: "Si hay algo oculto o secreto que no esté a la luz de Dios, eso podría estar causando este dolor que

84

se te repite en tu vida. ¿Estás segura que todo está bajo la luz de Dios en tu vida?" Y ahí no se aguantó y se echó a llorar fuertemente.

Aquí el esposo habló y dijo: "Creo que yo tengo algo que ver con esto". En este momento me doy cuenta que estaba enfrente de un matrimonio con un conflicto no resuelto. Él dice: "Hace años estuve manteniendo una relación con otra mujer y mi esposa se enteró hace precisamente 2 años. Estoy arrepentido, le pedí perdón y ya salí de aquello pero ella no me perdona. Le he pedido perdón varias veces". Sin yo tener que decir o preguntar nada ella dice: "Es que no puedo, me dolió mucho lo que me hizo". Le digo: "Te entiendo, pero ahora tenemos un problema grave".

Ella abre sus ojos bien grandes y me mira fijamente. Le digo: "Siento decirte que si tu no perdonas a tu esposo este dolor abdominal seguirá y te enfermará cada vez más". Ella repite: "Es que no puedo". Hice silencio y le dije: "Si quieres podemos orar para que Dios te auxilie a querer perdonar, pues me parece que estás confundida con esto. Perdonar es una cuestión de querer y Jesús te dará Su Poder". Ella mueve su cabeza afirmativamente aceptando que oráramos en ese sentido. Le pregunto: "¿Quieres seguir con este dolor?" Me dice: "No". Sigo: "¿Quieres seguir con este resentimiento?" Me responde: "No". Le dije: "Pues ya estamos avanzando ¿Entonces lo vas a perdonar?". Rápidamente ella dice: "Sí".

El esposo de seguro creía que se iba a escapar. Nos alejamos dos o tres pasos aparte y le digo: "Hermano esta es su oportunidad para pedirle perdón de corazón. Ya me dijo que usted lo ha hecho varias veces, pero aparentemente este es el día de su perdón. Acérquese ahora a su esposa y hágalo con el corazón en la mano." Este hombre se acercó a su esposa y le miró a los ojos, se arrodilló y con lágrimas en los ojos le pidió perdón por haberla engañado. Ella le dijo que lo perdonaba. La abrazó y ella se dejó abrazar y se notaba que ella le abrazaba perdonándolo. (La mirada, los gestos o los movimientos de nuestro cuerpo dicen mucho).

Después de unos minutos, le digo vamos a orar por tu dolor de abdomen ahora y ella inmediatamente dice: "Me duele mucho menos ahora". Le pregunto: ¿Del 1 al 10 cuanto te dolía al inicio y cuánto te duele ahora? Ella dice que le dolía al inicio como un 9 y ahora después del perdón le dolía un 3. ¡Gloria a Dios! Le doy una orden de fe al dolor. "Dolor ya no tienes raíz para quedarte. ¡Vete en el Nombre de Jesús!" Espero un minuto y le pregunto de nuevo. Ella dice que el dolor se fue. ¡Bendito sea el Nombre del Señor!

Como vemos en este testimonio, en ocasiones, y esto no quiere decir que siempre sea así, pero en ocasiones hay problemas físicos enraizados en conflictos no resueltos. Inmediatamente se resuelve el conflicto se sana el físico también. A ellos y específicamente al marido le dije que debía ser paciente en recuperar la confianza de su esposa. Que a él le tocaba ahora demostrar su amor por ella de una forma notable y constante.

Otro testimonio que quiero compartir aquí me pasó ya hace varios años. Estaba en una misión de varios días por distintas ciudades de México y el último lugar antes de regresarme a mi país era Ciudad del Carmen. La persona que me acompañaba era de otra ciudad de México y me preguntó si a mí no me molestaba que me enviara en taxi al aeropuerto para él irse a la estación de autobús y regresar él también a su casa. Eran aproximadamente las 11 de la noche pues apenas terminábamos una de las reuniones de oración. Mi vuelo salía temprano en la mañana, pensé sentarme en uno de los asientos del aeropuerto y dormir hasta la hora del vuelo de regreso.

Cuando el taxi llegó al aeropuerto vi que la entrada al aeropuerto está cerrada con una de esas puertas de malla ciclónica. El taxista da el gran anuncio: "El aeropuerto está cerrado". (No quería ofenderlo pero casi digo ¡no me diga!). Salgo del taxi con mi maleta de mano y me acerco a la puerta del aeropuerto y como ya mi amigo le había pagado, el taxista aprovechó, ni sé como cerró la puerta pero arrancó y me dejó allí solo. Al alejarse el taxi fue más notable la oscuridad pues no había allí nada de luz. Comencé a asustarme, pues estaba en otro país, en una ciudad desconocida para mí, sin celular y sin la más mínima idea de qué yo iba a hacer.

Escucho a lo lejos los ladridos de unos perros y pienso que si vienen a donde mí perros salvajes ¿dónde me esconderé? Ya ves lo asustado que estaba. De repente veo a lo lejos una lucecita moviéndose. En menos de un minuto se acerca un policía del aeropuerto en una bicicleta con un foco y dos perros, uno a cada lado de la bicicleta. Me dice de nuevo la noticia: "El aeropuerto está cerrado". Le digo: "Mi vuelo sale mañana temprano". Él dice que no me puede dejar entrar. Alguien le habla por la radio y le pregunta dónde está. Él le dice que está en la puerta con un pasajero que no sabía que el aeropuerto estaría cerrado. (Yo he viajado mucho pero me mal imaginaba que los aeropuertos internacionales no cerraban en la noche). Hubo un silencio en la radio y dice: "Déjalo entrar y tráelo acá". Me di cuenta que quien hablaba era el superior de este policía.

Al entrar, le pregunto si los perros no me harían nada. Él dice que si él no les da la orden ellos se portan bien. Me pidió caminar a su lado. Llegamos al estacionamiento del aeropuerto y allí había un pequeño destacamento de policías. Cuando entro veo al jefe sentado detrás de un escritorio y me dice mientras señala una celda: 'Entre allí'. Yo le iba a decir: "Pero…" Él sube la voz: "¡Que entre le dije!". Ahora estaba prácticamente preso y sin haber sido juzgado. El policía y los perros se van y me dejan allí. Internamente empiezo a pelear con Dios. "¿Y esto Señor? Yo vine a esta ciudad a servirte y mira, me dejan solo en la oscuridad y ahora estoy en una celda." Me voy a poner los audífonos para escuchar música y siento que el Señor me dice: "No escuches música y habla con él".

No podía creer lo que Dios me estaba diciendo. ¿Hablar con él?

¿Y hablar de qué? Vi que estaba leyendo la cartelera de cine del periódico. Desde mi celdita pregunté: "¿A usted le gusta el cine?" Él baja su periódico y me mira diciendo: "¿Usted parece que quiere hablar?" Le digo:"¿Qué tipo de películas le gustan? A mí me gustaban mucho las películas mexicanas que veía cuando niño en mi país." Entonces me pregunta: "¿Usted de qué país es? No tiene acento de acá" Ahora me doy cuenta que cambió el tono y estaba realmente interesado. "Yo soy de República Dominicana" En este momento Dios me habla de nuevo al corazón y me dice: "Él tiene dolor en sus pies. Sufre de artritis. Ora con él pues lo quiero sanar". Como un signo de que Dios estaba conmigo el policía me dice: "Venga salga" y me presenta una silla que estaba frente a su escritorio.

Me siento donde me dijo y mientras pienso en cómo comunicarle lo que sentía de parte de Dios. Me armo de valor y le digo: "Yo soy misionero católico. Estaba por varias ciudades de por aquí. ¿Usted va a la Iglesia?" Pienso que de esta manera podía romper el hielo para hablar de lo que tenía en mi corazón para él. "La verdad es que no tengo tiempo. Trabajo de noche y llego siempre muy cansado como para ir a la Iglesia". "¿A usted le duelen los pies? ¿Sufre de artritis?" Me miró fijamente y dijo que sí. "Si me permite puedo orar para que Jesús lo sane". "Si usted quiere no tengo problema en que ore por mí". Me acerqué y puse a su lado, él seguía sentado, puse mi mano en su hombro y justo cuando voy a comenzar a orar el Señor me dice en el corazón: "Su artritis surge de un rencor hacia su hermano que le robó parte de una herencia".

Le dije: "¿Tiene usted algún hermano que le robó una herencia?" "Oiga y ¿Usted cómo sabe todo eso de mi dolor, mi artritis, mi hermano?" Le digo: "Dios está aquí y quiere sanar su corazón y sus pies ¿Quiere ser sano?" "Sí". Él estaba muy asombrado por lo que Dios estaba revelando.

En este momento le pedí que repitiera después de mí una oración: "Señor Jesús me abro a tu perdón en la cruz. Dame tu

Espíritu Santo. Perdóname por cerrarme a tu Amor y a tu Poder. Me arrepiento de mi lejanía de Ti." Hacemos silencio y el policía cae de rodillas. Comienza a llorar. Yo me arrodillo también. Nunca había visto a un hombre arrepentirse así. Lloraba compungido, decía: "Señor perdóname por odiar a mi hermano. No conozco a mis sobrinos. Soy un hombre solitario y sin familia. Perdón. Perdón". Esto me tocó el corazón. Yo también me puse a llorar. En ese preciso instante entró el otro policía con los dos perros y al ver a su jefe arrodillado llorando se pone la mano en el revólver y grita: "¿Qué está pasando?" Yo no sabía ni que decir, pero dije: "Dios está aquí sanando". Este otro policía dijo: "Yo también quiero" y sin pensarlo mucho se arrodilló a nuestro lado. Oramos, lloramos, hasta los perros aullaban. (No sé si sabías que algunos perros cuando sienten a sus amos llorar o cantar con sentimiento ellos también lloran).

No te puedo asegurar que la relación de aquel policía se arreglara pues nunca más he vuelto a aquel aeropuerto para verle y hablarle pero lo recuerdo tanto. Me dijo que visitaría a su hermano, conocería sus sobrinos y haría lo necesario para recuperar esos lazos familiares.

Cuando ya abrieron el aeropuerto me acompañó y le dije: "Gracias por dejarme entrar antes de la hora permitida" y el me dijo: "Gracias a usted por ayudarme a entrar al Cielo. Así me siento ahora después de perdonar".

Cómo sanar nuestras relaciones enfermas

La falta de perdón en alguien es uno de los bloqueos más fuertes para que una persona sea sana interior o físicamente, además de que esto provoca el tener en la vida conflictos no resueltos. En caso de descubrir conflictos no resueltos entre personas de tu

Miguel Horacio

comunidad o familia, ya sea que lo descubras porque Dios te lo diga o porque lo notes o te lo digan los afectados, acá te pongo unos pasos para ayudarles a sanar:

a) Hablar cara a cara, corazón a corazón: Para sanar las relaciones hay que hablar en tono de reconciliación y sin intención de pelear. Las personas que han tenido el conflicto o la persona que está más afectada debe querer sanar para que esto sea realizable. Si alguno de los afectados no quiere hablar o rechaza o niega que exista un conflicto será muy difícil sanar la relación. Lo importante en este paso es que se 'saque a la luz' lo que ha herido la relación para desde ahí lograr una reconciliación.

b) Reconocer y responsabilizarme de mi parte en el conflicto: Para sanar hay que antes reconocerse enfermo y en este caso cada persona debe reconocerse afectada o responsable de haber hecho daño. No puede haber mentira ni negación de que existe un problema o herida. Si la persona no reconoce su error o no acepta su pecado no se podrá avanzar en la sanación.

c) Oración, arrepentimiento y perdón: Si ya la persona ha reconocido su error es bueno guiarle a una oración de arrepentimiento ante el Señor. Obviamente esto es posible si la persona quiere el perdón de Dios y se ha apropiado de su parte en el problema o conflicto. También es bueno preguntarle si está dispuesto(a) a perdonar o pedir perdón a la o las otras personas en el conflicto. Si no está en esta disposición pues ya no hay más de que hablar. Esta oración no funcionará. Es bueno explicarle que no podrás seguir con la oración pues no hay disponibilidad de reconciliación. La relación no se sanará sin este paso. Si quieren pueden acordar reunirse en otro momento a ver si las defensas, la ira o el rechazo se han bajado. Pero en caso contrario, de que sí haya disponibilidad entonces hacer la oración de arrepentimiento y ayudarle a verbalizar su arrepentimiento, pedir perdón o a la persona más afectada ayudarle a perdonar verbalmente.

easongm

d) Comprometerse a restaurar la relación: Cuando alguien está realmente arrepentido y quiere en su corazón que se sane la relación hace todo lo que sea necesario para que la relación que tuvo un conflicto se restaure. Hay ocasiones en que la oración basta; por ejemplo si una de las personas está muerta pues basta con perdonar o arrepentirse del mal hecho. Es bueno aclarar que recuperar la confianza y volver a una relación estable será un proceso. Parte de este proceso puede ser comprometerse a cierto tipo de terapia o consejería.

e) Orar por las consecuencias del conflicto no resuelto: Casi siempre un conflicto no resuelto causa distintos tipos de daños: puede dañar las emociones, puede dañar la espiritualidad de una persona, puede dañar el cuerpo provocando dolor o una debilidad en las defensas para enfermarse justo después del conflicto doloroso. Este es el momento para ministrar sanación en cualquier área necesaria para que Jesús en el Poder de Su Espíritu Santo sane las secuelas de aquel conflicto. Esto lo hacemos después del perdón de las ofensas, pues la falta de perdón impide la sanación.

f) En caso de ser necesario dar seguimiento y apoyo: Quiero aclarar que todo tipo de apoyo debe ser espiritual o de oración, si no somos consejeros profesionales ni sicólogos es bueno dejarle eso a los profesionales. Además Jesús no nos envió a aconsejar a los que sufren sino a orar por ellos y en todo caso la consejería y/o terapia sicológica no debería brindarse cuando alguien se acerca más bien buscando la misericordia de Dios en una sesión de oración. A veces se da el caso de que es la persona la que pide o casi exige un consejo. Lo recomendable es dejar el consejo para el consejero profesional o sicólogo. Muchos consejos que damos son fundamentados en nuestra experiencia personal y no necesariamente lo que me resultó a mi le puede resultar al otro. Por ello es bueno dejar esto a profesionales y nosotros obedecer a Jesús y orar o acompañar con nuestro apoyo espiritual a quien está restaurando una relación enferma.

Citas bíblicas para meditar y orar:

"Procuren estar en paz con todos y llevar una vida santa; pues sin la santidad, nadie podrá ver al Señor. Procuren que a nadie le falte la gracia de Dios, a fin de que ninguno sea como una planta de raíz amarga que hace daño y envenena a la gente." Hebreos 12,14-15

"Nosotros amamos porque Él nos amó primero. Si alguno dice: «Yo amo a Dios», y al mismo tiempo odia a su hermano, es un mentiroso. Pues si uno no ama a su hermano, a quien ve, tampoco puede amar a Dios, a quien no ve. Jesucristo nos ha dado este mandamiento: que el que ama a Dios, ame también a su hermano." 1 Juan 4,19-21

"Por lo tanto, ya no mientan más, sino diga cada uno la verdad a su prójimo, porque todos somos miembros de un mismo cuerpo. Si se enojan, no pequen; que el enojo no les dure todo el día. No le den oportunidad al diablo." Efesios 4,25-26

"Entonces Pedro fue y preguntó a Jesús: Señor, ¿cuántas veces deberé perdonar a mi hermano, si me hace algo malo? ¿Hasta siete? Jesús le contestó: No te digo hasta siete veces, sino hasta setenta veces siete." Mateo 18,21-22

"Y cuando estén orando, perdonen lo que tengan contra otro, para que también su Padre que está en el cielo les perdone a ustedes sus pecados." Marcos 11,25

"Y que la paz de Cristo reine en sus corazones, porque con este propósito los llamó Dios a formar un solo cuerpo. Y sean agradecidos." Colosenses 3,15

Oración:

Señor Jesús vengo a ti para que con Tu Gracia me ayudes a reconocer el daño que yo he podido causar a otros y mi falta de humildad en reconocerlo y buscar la reconciliación total.

(Ahora te invito a usar la imaginación: Jesús está ahí contigo. Y de repente comienzan a entrar personas a quienes has dañado en tus relaciones, ya sea con palabras, actitudes o no poner de tu parte en la relación. Pídeles perdón una a una. Si necesitas ayuda de Jesús para hacerlo, hazlo. Él está ahí contigo.)

También te pido que por el Poder de Tu Sangre derramada en la cruz, Sangre que me perdona y limpia de mis pecados me des la Gracia de perdonar a quien me haya herido ya sea en mi familia, comunidad o trabajo.

(Ahora te invito a usar la imaginación: Jesús está ahí contigo. Y de repente comienzan a entrar personas que te han hecho daño en tus relaciones, ya sea con palabras, actitudes o no poner de su parte en la relación. Acércate a ellas y perdonalas una a una. Si necesitas ayuda de Jesús para hacerlo, hazlo. Él está ahí contigo.)

Preguntas para reflexión Individual o en grupo:

1. ¿Cuál es tu definición de 'relación'?

2. ¿Por qué las relaciones son tan importantes en la vida?

3. Piensa en tu relación más íntima y satisfactoria, es decir, la relación en la que más amor has experimentado. ¿Qué elementos, actitudes, palabras o gestos contribuyeron a que fuese así? ¿Qué puedes aprender de esto?

4. Piensa en la relación más dañina o el peor conflicto no resuelto que has tenido en alguna relación. ¿Qué elementos, actitudes, palabras o gestos contribuyeron a que fuese así? ¿Qué puedes aprender de esto?

5. ¿Haces todo lo posible por estar en paz con todo el que te rodea como dice Hebreos 12, 14-15 o tienes ira, amargura o rencor en tu interior? ¿Qué vas a hacer al respecto?

6. Haz tu propia explicación de lo que es tener una vida con relaciones enfermas y pasos de cómo sanar esto.

CAPÍTULO 4
SANACIÓN DEL
AMBIENTE

Ejemplos en la Biblia

Nota: Quisiera aclarar antes de comenzar este capítulo lo que entiendo por ambiente. Ambiente en este libro es la atmósfera normal en la cuál vive un grupo de personas. Este grupo de personas puede ser: una familia, una comunidad, una parroquia, un vecindario, un pueblo o una ciudad.

El ex-ciego tiene que mudarse de pueblo (Marcos 8, 22-26)

El Evangelio de Marcos es uno de los más detallados. Dicen los estudiosos de la Biblia que es el Evangelio más cercano a los sucesos que se relatan pues es el más antiguo comparado a el de Mateo, Lucas o Juan. Es decir, no pasaron tantos años antes de que se escribiese. Creo que por ello en él encontramos detalles y relatos que no se encuentran en los demás. Pues los detalles, a medida que pasan los años, se van olvidando.

Una de las sanaciones que se relata en este Evangelio es la sanación de un ciego. Aunque Jesús sanó a varios ciegos, en este se nos dan detalles muy interesantes. Se nos cuenta que llevaron a Jesús un ciego, no nos dice quien lo llevó, si fueron amigos, familiares, hijos, etc. Este detalle parece no ser importante como para contarlo. Sí nos dice lo que esta sanación tiene de diferente de las demás sanaciones y es que Jesús lo toma de la mano y lo saca del pueblo. Hay otros detalles, como que le mojó los ojos con saliva, puso sus manos sobre él y le pregunta a ver si está viendo. Pero lo interesante en este caso es que lo saca del pueblo.

Este texto bíblico no nos dice el tiempo que se tomó esta sanación pero aparentemente fue un proceso. Caminaron hasta salir del pueblo, de seguro iban hablando en el camino, cuando ya están fuera Jesús le moja con saliva los ojos, le impone las manos, le pregunta si ve algo. Esta persona dice que ve a la 'gente como árboles que caminan' y Jesús vuelve a orar por él hasta que sana totalmente. Y aquí es que viene lo interesante, parece hasta contradictorio que primero Jesús lo manda a su casa y luego le dice que no vuelva al pueblo.

¿Por qué Jesús para sanarlo lo saca del pueblo? ¿Por qué Jesús después de sanarlo le pide que no vuelva al pueblo? ¿Será que había algo en el pueblo que contribuía a la ceguera de esta persona? ¿Sería este 'algo' el ambiente del pueblo? ¿Se habrá mudado del pueblo? Realmente no tenemos estas respuestas pero vemos como en otras sanaciones Jesús después daba por lo menos un breve lineamiento para que la persona siguiera su vida bien y para que conservara su sanación. Por ejemplo: en el relato de la sanación del hombre que tenía 38 años paralítico que encontramos en Juan 5, al final le dice 'no vuelvas a pecar para que no te suceda algo peor'.

Yo hubiese sido aquel ex-ciego y veo que para curarme me sacan del pueblo y luego me dicen que no vuelva al pueblo pues sacando conclusiones lo que hago es que me mudo a otro lugar. Voy a mi casa, recojo mis cosas y para mantenerme con visión me voy a otro lugar. ¿A dónde? No sé, pero no me quedaría 'en el ambiente que me enferma'. Obviamente esto muestra la fe de este ex-ciego, es una fe guardando la distancia, parecida a la fe de Abraham que dejó 'su pueblo natal' para ir a la tierra que 'Dios le iba a mostrar'.

Creo que antes de continuar es bueno analizar un poco las condiciones del pueblo del cual estamos hablando. El pueblo se llamaba Betsaida. Era uno de los lugares donde Jesús había hecho muchos milagros (Mt 11,20-22) pero aparentemente era un pueblo compuesto por personas que 'reciben y no valoran lo recibido'. No es lo mismo una persona que todo un grupo humano, toda una comunidad que recibe y no valora. Uniendo esto a la sanación del ex-ciego es como si Jesús le hubiese dicho: "Si valoras no ser ciego, no te asocies con Betsaida."

Betsaida, muy bien podría ser una mentalidad, una manera de pensar, una actitud ante la Presencia Sanadora de Jesús. En ambientes así no se mantienen las sanaciones, se pierden los valores del Evangelio. 'Mudarse de pueblo' muy bien podría ser cambiar de mentalidad, pero tampoco podemos reducir el significado de esto. Hay ciudades, pueblos, vecindarios, familias y/o comunidades que tienen un ambiente que puede enfermar y/o colaborar a no mantenerse sano. Si Betsaida no cambia de forma de pensar, si Betsaida no se convierte, entonces hay que hacer lo que Jesús le dijo al ex-ciego: "Vete sano, pero no entres en el pueblo".

Quédense solo los que creen esto es posible (Marcos 5,35-43)

Aunque este no es el capítulo para hablar sobre la sanación de moribundos o personas que ya han muerto, creo que cabe el tratar este relato aquí por lo que Jesús hace antes de realizar el milagro. Antes veamos el contexto en el cual sucede: Jesús está de camino a la casa de Jairo, su hija está muy enferma y en el camino alguien interrumpe la caminata. Una mujer enferma hacía 12 años con hemorragias constantes, pero ella desde la multitud toca a Jesús con fe.

En una multitud muchas personas se tocan una a la otra, pero lo que sobresale en esta sanación es que ella le toca con fe y antes de despedirla Jesús le dice: "Vete tranquila, por tu fe has sido sanada". En ese mismo instante llegan mensajeros de la casa de Jairo con la horrible noticia de que ya la niña había muerto y que no hacía falta molestar a Jesús. Jesús, ni caso les hace, mira a Jairo y le dice que: "No tengas miedo, ten fe". (Hay noticias a las que no les podemos hacer caso). Jesús deja bien claro que la fe es el medio, el canal, la vía, la 'sustancia' que transmite el Poder Sanador de Dios.

Acá Jesús toma una decisión radical, pues nos dice el Evangelio que 'no dejó que le acompañaran más que Pedro, Santiago y Juan' (Mc 5,37). Recordemos que andaban en medio de una multitud, había todo tipo de gente, creyentes y no creyentes, curiosos y analistas, algunos explorando la posibilidad de entregarse a Dios y también de seguro que uno que otro buscando cómo criticar a Jesús por lo que hacía y cómo lo hacía. También andaban los discípulos de Jesús y de entre toda esta gente Jesús dice que solo irán con él Jairo, Pedro, Santiago y Juan. ¿Por qué Pedro, Santiago y Juan? Una de las razones podría ser que fueron de los primeros en creer en y creerle a Jesús. Habían ya presenciado varias sanaciones y milagros. Yo creo firmemente que Jesús entendía que debía 'ir creando' un ambiente de fe para lograr resucitar a la niña ya muerta.

Cuando llegan a la casa y entran sucede algo más interesante todavía, notan que el ambiente está lleno de tristeza, desesperanza y falta de fe. Según los presentes la niña había muerto y no había más nada que hacer. Dice la Palabra de Dios que 'había alboroto, la gente lloraba y gritaba' (Mc 5,38). Jesús toma otra decisión radical y que podría parecer para muchos un poco insensible, pues 'los hizo salir a todos' (Mc 5,40).

Jesús solo se quedó con el padre y la madre de la niña, Pedro, Santiago y Juan. En pocas palabras, Jesús limpió el ambiente de la falta de fe. Es como si dijese: "Quédense sólo los que creen que esta resurrección es posible". Puede que los papás no estuvieran muy convencidos, pero por algo él (Jairo) fue a buscar a Jesús; ya confiaba en el Poder de Jesús y de seguro fue con el consentimiento de la madre y aquellos 3 discípulos eran los incondicionales de Jesús. En un ambiente así Jesús realizó su primer milagro de resurrección. Jesús la tomó de la mano y le ordenó levantarse. La niña resucitó y le dieron de comer.

En ocasiones hay ciertas sanaciones que no ocurren por la falta de fe que hay en la comunidad reunida y a la vez puede producirse el efecto contrario, es decir sanaciones o milagros que ocurren cuando la fe reunida en la comunidad es un 'canal amplio' a través del cual el Poder de Dios puede pasar y obrar.

¿Por qué en algunas comunidades sanan muchos enfermos y en otras no?

Una de las citas bíblicas que más me impacta es la de Mateo 13,58 en la que dice: "Y no hizo allí muchos milagros porque aquella gente no tenía fe en él." Más atrás dice que allí 'la gente se resistía a creer en él'. ¿Cómo es posible tal resistencia a la Presencia de Dios? Esto muestra la voluntad de Dios a limitarse actuar a través de la fe. Es por ello lo que leemos luego en la carta a los Hebreos 11,6 de que 'no es posible agradar a Dios sin fe'. En el texto paralelo del Evangelio según Marcos dice que Jesús estaba impactado de la falta de fe de aquella gente.

Lucas dice que lo echaron del pueblo y que tenían intención

de empujarlo por un barranco pues estaban muy enojados con Él. (Lc 4,28-30). En un lugar o en un ambiente así Jesús, aunque quería, no podía realizar su misión de Sanador/Salvador.

Algo similar sigue ocurriendo hoy, hay comunidades que están con una 'fe expectante' mientras otras están 'cerradas' al Poder de Dios y esto hace que aunque Dios tenga la voluntad de sanar respeta la libertad de las personas que conforman una comunidad o familia. La frase de San Agustín que dice: "Dios que te creó sin ti, no te salvará sin ti" cabe aquí. El Señor no va a violentar la libertad que nos ha dado. Esto concuerda con la o las preguntas que Jesús hacía a los enfermos o sufrientes que se acercaban a Él; preguntas como: "¿Qué quieres que haga por tí?", mostrando esto que Jesús necesitaba que el otro quisiera para actuar con Poder sanador sobre la persona. Esto se aplica tanto a un individuo, como a una familia o comunidad, como a todo un pueblo o ciudad.

Hay lugares en los cuales las sanaciones y los milagros abundan. También hay pueblos o ciudades en los cuales las personas que llegan y pasan unas horas o unos días reciben sanación o liberación. (Ej: Lourdes, Medjugorje, Redding, etc.) Los lugares son lo que las personas hacen de ellos. Los barrios o vecindarios son lo que las personas que habitan allí deciden que serán. Así las aldeas o familias. Un ambiente en el cual se espera la acción poderosa de Dios recibirá la acción poderosa de Dios. También lo contrario puede ocurrir, un ambiente cerrado al Poder de Dios impide que Dios actúe con libertad sanadora.

A la pregunta ¿Por qué en algunas comunidades sanan muchos enfermos y en otras no? La respuesta es que depende de la fe de aquellos que conforman la comunidad. En la comunidad que la fe esté en espera deseosa de que Dios actúe libremente como quiera y cuando quiera, sucederán maravillas, pero en aquella que no espera nada, sucederá nada. 'Hágase según tu fe'. La fe reunida en una comunidad funciona como un 'puente' o 'conector' al Poder de Dios. Sin la fe, Dios ha decidido no actuar.

Sin disminuir la verdad bíblica de que 'la fe entra por el oír' en ocasiones hemos tenido la experiencia de ver sanaciones y milagros en comunidades aún antes de que se predique la Palabra de Dios, esto se debe al alto nivel de fe en la comunidad reunida. Esto depende mucho del liderazgo de aquella comunidad, pues precisamente, como la fe entra por el 'oído' si el liderazgo se ha ocupado de testificar sobre el Poder de Dios y enseñar sobre Su Misericordioso Poder ya la comunidad tiene una fe expectante. En el Reino de Dios el oído va antes que la vista. Pues 'oír' o 'escuchar' al Señor y obedecer, es la antesala de las manifestaciones poderosas del Espíritu Santo.

También es posible todo lo contrario, es decir, es posible escuchar testimonios, prédicas y enseñanzas y decidir el 'no activar la fe' o no creer en lo que no entiendo y esto produce un bloqueo que cuando se une a la incredulidad de otros, pues se crea como una 'muralla difícil de tumbar'. Esto es lo que le ocurría a la comunidad de los fariseos o maestros de la ley. Hay que entender que en este caso los fariseos o maestros de la ley no necesariamente estaban en un mismo lugar, pero el 'ambiente de los fariseos' o 'el ambiente o comunidad de los maestros de la ley' representan una mentalidad o forma de pensar bien concreta que es diametralmente contraria a la propuesta del Reino de Dios que Jesús vino a compartir.

El Reino de Dios está aquí, pero...

El Reino de Dios es una atmósfera de sanación. En el Reino de Dios no hay enfermedad ni sufrimiento. No hay dolor ni mentira. Jesús vino a inaugurar con Sus Palabras y Hechos, con Su Sangre y Resurrección la realidad de que el Reinado de Dios está activo en medio de la humanidad. El Poder de Dios, es decir, el gobierno de Dios ya está en medio nuestro a través de la fe y la conversión de los individuos. El Reino de Dios está aquí pero para verlo hay que creerlo y adaptarse a él.

'En la tierra como en el Cielo' decimos en el Padre Nuestro. En el Cielo no hay cáncer, ni parálisis, ni tormentos, pero en la tierra sí. Ningún individuo puede ser quien anule esta realidad de la tierra a menos que muchos individuos en común acuerdo se unan en la fe como hijos de un mismo Padre para ser como el puente de fe entre Cielo y tierra. Sólo así, por medio de una fe común, el Reino de Dios se extenderá con Poder por todo el planeta tierra y sus ambientes.

El Antiguo Testamento muestra cómo reinó el pecado y la muerte, el Nuevo Testamento con Jesús y la inauguración del Reinado de Dios aquí en el planeta tierra muestra cómo Su Presencia vence todo lo que esclaviza al ser humano, sea espiritual o físico.

Bíblicamente Babilonia representa pecado y muerte. Jerusalén, con el Templo en el Centro, representa que el Centro es Dios. Nosotros los creyentes estamos llamados a 'bajar' el Cielo a la tierra con nuestra fe y nuestras acciones. La Jerusalén del Cielo tiene que invadir la Babilonia de la tierra. Esta invasión se logra teniendo en nuestra vida a Dios como centro y desde allí 'contagiar a otros' para que juntos, en comunidad, hagamos de la tierra un Cielo en el que habita Dios y se mueva con libertad.

Como decía anteriormente, los ambientes o comunidades, están conformadas por personas. Una comunidad o familia crea su propio ambiente dependiendo de su actitud y decisiones. En capítulos anteriores hablamos de la sanación espiritual, interior y de las relaciones; cuando esto se vive en una comunidad o familia, lógicamente se notará en el ambiente o cultura de este grupo humano. Cuando un grupo humano está cerrado a la sanación espiritual e interior y cerrado a la sanación de relaciones será entonces un foco de problemas y hasta atractivo para ataques demoníacos.

Quisiera transcribir aquí lo que escribió San Buenaventura

cuando San Francisco de Asís vio a un grupo de demonios encima de la ciudad de Arrezo:

Y así sucedió que en cierta ocasión llegó Francisco a Arezzo cuando toda la ciudad se hallaba agitada por unas luchas internas tan espantosas, que amenazaban hundirla en una próxima ruina. Alojado en el suburbio, vio sobre la ciudad unos demonios que daban brincos de alegría y azuzaban los ánimos perturbados de los ciudadanos para lanzarse a matar unos a otros. Con el fin de ahuyentar aquellas insidiosas potestades aéreas, envió delante de sí, como mensajero, al hermano Silvestre, varón de colombina simplicidad, diciéndole: «Marcha a las puertas de la ciudad y, de parte de Dios omnipotente, manda a los demonios, por santa obediencia, que salgan inmediatamente de allí».

Se apresuró el hermano Silvestre a cumplir las órdenes del Padre, y, prorrumpiendo en alabanzas ante la presencia del Señor, llegó a la puerta de la ciudad y se puso a gritar con voz potente: «¡De parte de Dios omnipotente y por mandato de su siervo Francisco, marchaos lejos de aquí, demonios todos!»

Al punto quedó apaciguada la ciudad, y sus habitantes, en medio de una gran serenidad, volvieron a respetarse mutuamente en sus derechos cívicos. Expulsada, pues, la furiosa soberbia de los demonios, que tenían como asediada la ciudad, por intervención de la sabiduría de un pobre, es decir, de la humildad de Francisco, tornó la paz y se salvó la ciudad.

El Reino de Dios está aquí pero hay que pelear la guerra con 'armas que no son de este mundo'. Varias cosas me llaman la atención de este relato franciscano.

1. El ambiente de la ciudad estaba afectado por lo que espiritualmente estaba ocurriendo, pues dice que 'veía demonios que daban brincos de alegría' mientras la ciudad 'estaba bajo luchas internas' y los ciudadanos estaban 'con los ánimos perturbados'.

2. La comunidad franciscana vence el ataque sobre la comunidad de Arezzo. Vemos como es una comunidad en acuerdo que vence lo que ataca a la ciudad, en este caso están Francisco y Silvestre como representación de toda una comunidad.

3. Enfrentan 'el ataque sobre la ciudad' con simplicidad y obediencia. Buenaventura nos cuenta que Francisco envía a Silvestre precisamente por su simplicidad y le pide que ejerza la 'santa obediencia' al Evangelio que nos envía a 'sanar a los enfermos y a liberar a los atacados por el diablo'. Silvestre obedece.

4. Los franciscanos enfrentan el mal, no enfocándose en el mal, sino enfocándose en Dios.
Nos dice que mientras Silvestre se iba acercando a la ciudad él 'iba prorrumpiendo en alabanzas ante la Presencia del Señor'. En definitiva, quien hace la obra es el Señor.

5. Los franciscanos, representados el hermano Silvestre, hacen esto en 'Las puertas de la ciudad'. Las puertas son las que 'abren o cierran'. La ciudad en algún momento 'abrió' sus puertas a 'estos ánimos de violencia'; ahora es el momento de cerrar las puertas al mal y abrirse a Dios.

6. Al final de este testimonio franciscano, se salva la ciudad; pero vemos cómo los habitantes de Arezzo ya toman la responsabilidad de tratarse mutuamente con respeto para mantener la paz y la salvación en Jesús que Francisco y Silvestre le vinieron a ofrecer.

Aunque este no es el capítulo para hablar sobre la sanación de influencias demoníacas, decía en la introducción que estas áreas de sanación se comunican una con otra. Muchos creyentes no se dan por enterados que estamos en medio de una 'guerra espiritual' entre el Reino de Dios y el reino del mal. Fíjate que reino del mal lo escribo a propósito en minúscula pues su fuerza es inferior al Poder del Reino de Dios cuando estamos alineados en fe para enfrentar sus tentaciones y ataques.

Jesús dijo en Mateo 11,12: "Desde que vino Juan el Bautista hasta ahora, el reino de los cielos sufre violencia, y los que usan la fuerza pretenden acabar con él." Estos violentos que intentan 'acabar' con el Reino de Dios son los espíritus malos que tientan y atacan a las familias, vecindarios, comunidades, parroquias, regiones y/o ciudades. Jesús también habló en la parábola del sembrador de aquellas 'aves de rapiña' que vienen a robar la semilla del Reino de Dios, "viene el maligno y les quita el mensaje sembrado en su corazón" (Mt 13,19b).

Muchas familias y comunidades caen en pecados colectivos, aceptan ciertas actitudes, esquemas de pensamiento y/o patrones de conducta que 'abren' puertas al mal y cierran 'puertas' a la acción de Dios. A algunas comunidades o familias les puede pasar lo que le pasó a la comunidad de los Gálatas, Pablo les dijo: "Gálatas estúpidos ¿Quién los engañó? … comenzaron bien, pero ahora quieren retomar lo puramente humano". (Gal 3,1-4) Gentes que comienzan bien y luego retroceden a formas de pensar a prácticas que bloquean la Bondad del Reino de Dios en medio nuestro.

En Hechos de los Apóstoles capítulo 18 del 1 al 11 se nos relata la acogida que tuvo el Mensaje del Reinado de Jesús en medio de los Corintios. Pablo recibió una visión de parte del Señor en la cual le decía 'no tener miedo, que había una protección especial sobre él, nadie podría hacerle daño". Pablo se quedó con ellos un año y medio, enseñándoles a abrirse al Señor y a Su Espíritu. Ellos se abrieron con mayor facilidad que los judíos de aquella región. Pero luego vemos cómo Pablo tiene que llamarles la atención pues entre ellos habían prácticas que en vez de ayudarles a avanzar en profundizar en el Reino de Dios les estaba acarreando enfermedades y males. "Por eso, muchos de ustedes están enfermos y débiles, y también algunos han muerto." (1 Cor 11,30) Estos problemas no resueltos en medio de una comunidad o familia provocan debilidades o puertas abiertas para toda la comunidad o familia.

La comunidad de los corintios fue una de las más abiertas al Espíritu Santo y los carismas pero no permitían que el Señor les sanara espiritualmente, manteniendo prácticas pecaminosas: "Porque temo que cuando vaya a verlos, quizá no los encuentre como quisiera, y que tampoco ustedes me encuentren a mí como ustedes quisieran. Temo que haya discordias, envidias, enojos, egoísmos, chismes, críticas, orgullos y desórdenes. Temo también que, en mi próxima visita, mi Dios me haga sentir vergüenza de ustedes, y que me haga llorar por muchos de ustedes que desde hace tiempo vienen pecando y no han dejado la impureza, la inmoralidad sexual y los vicios que practicaban". (2 Cor 12,20-21).

Esto no solo ocurrió con Pablo, también le pasó a Jesús con las denominadas ciudades del lago donde Jesús hizo muchas sanaciones y milagros, pues tuvo mucha misericordia con los enfermos de aquella región. Jesús impartía sanación por pura misericordia hacia el que sufría; pero no dejaba de tener esperanza en provocar fe y conversión hacia el Reino de Dios: "Entonces Jesús comenzó a reprender a los pueblos donde había hecho la mayor parte de sus milagros, porque no se habían vuelto a Dios. Decía Jesús: «¡Ay de ti, Corazín! ¡Ay de ti, Betsaida! Porque si en Tiro y Sidón se hubieran hecho los milagros que se han hecho entre ustedes, ya hace tiempo que se habrían vuelto a Dios, cubiertos de ropas ásperas y ceniza. Pero les digo que en el día del juicio el castigo para ustedes será peor que para la gente de Tiro y Sidón. Y tú, Cafarnaúm, ¿crees que serás levantado hasta el cielo? ¡Bajarás hasta lo más hondo del abismo! Porque si en Sodoma se hubieran hecho los milagros que se han hecho en ti, esa ciudad habría permanecido hasta el día de hoy. Pero les digo que en el día del juicio el castigo para ti será peor que para la región de Sodoma". (Mt 11,20-24).

Las sanaciones y milagros brotan del Amor y la Misericordia

de Dios, pero el Amor y la Misericordia de Dios exigen una respuesta de adaptación. Si no nos adaptamos a la Realidad del Reino de Dios perdemos Su Presencia. El Antiguo Testamento muestra cómo civilizaciones o ciudades enteras fueron destruidas por rechazar a Dios, en el Nuevo Testamento Dios no destruye, espera pacientemente mientras envía el Poder de Su Espíritu a la humanidad a ver si nos convertimos y así no nos destruimos a nosotros mismos.

Dios quiere lo mejor para nuestras familias, vecindarios y ciudades. Jesús lloró por la actitud cerrada de Jerusalén, que a pesar de ser el centro religioso de la época, estaba espiritualmente bloqueada a la acción del Rey Jesús y su propuesta de gobierno. Jerusalén sería atacada y morirían muchos de sus habitantes sin paz, pero no por voluntad de Dios, sino por el rechazo colectivo de sus habitantes. "Cuando llegó cerca de Jerusalén, al ver la ciudad, Jesús lloró por ella, diciendo: «¡Si en este día tú también entendieras lo que puede darte paz! Pero ahora eso te está escondido y no puedes verlo. Pues van a venir para ti días malos, en que tus enemigos harán un muro a tu alrededor, y te rodearán y atacarán por todos lados, y te destruirán por completo. Matarán a tus habitantes, y no dejarán en ti ni una piedra sobre otra, porque no reconociste el momento en que Dios vino a visitarte." (Lucas 19,41-44) (Leer también Lc 21,20-24 y 23,28-31).

Muchas comunidades, familias, ciudades y países viven un ambiente auto-provocado por la suma de decisiones de los individuos que la conforman. La apertura o rechazo colectivo en estos ambientes permiten o impiden que la Presencia de Dios sane. Aquí la importancia de una evangelización que realmente genere comunidades vivas en el Poder de Dios, pues la suma de estas comunidades es el 'fermento' de toda la masa. Nosotros somos los llamados a 'contagiar' del Poder del Evangelio a nuestros familiares, vecinos y conciudadanos.

La Sanación del ambiente es posible

La sanación del ambiente en una familia o comunidad es posible. Jesús dijo que todo es posible para el que cree. Nada es imposible para Dios. En nuestras familias puede pasar lo mismo que pasó en la familia de Zaqueo, el cual era conocido como un pecador público, era rechazado por el pueblo tanto él como su familia. Hasta que Jesús llegó a su casa. Generalmente la Salvación en Jesús llega a una familia a través de una persona, en este caso fue a través del líder de la familia, a través del hombre de la casa. La llegada de Jesús a aquella casa bendijo a Zaqueo, a Doña Zaquea y a los Zaqueitos y Zaqueitas. (Lc 19,1-10).
Jesús termina haciendo una declaración casi única. La Salvación estaba en aquel hogar. El Reino de Dios había invadido aquel ambiente familiar. Jesús vio fe en Zaqueo pues lo llamó descendiente de Abraham, aquel que había dejado todo para obedecer a Dios y hasta iba a sacrificar a su hijo Isaac. Zaqueo muestra su fe en Jesús cuando decide desprenderse de sus riquezas materiales pues las consiguió robándole a la gente. (Lc 19,8).

En la Palabra de Dios también encontramos cómo toda una región se abre a la Presencia de Dios gracias al testimonio de una sola persona. Vemos en Marcos 5 del 1 al 20 la ocasión en que Jesús y los primeros discípulos se dirigían hacia Gerasa (una de las 10 ciudades de la Decápolis). Desde antes de llegar se nota la resistencia a la llegada de Jesús. En medio del lago se desata una criminal tormenta. Yo creo firmemente que esta no era una tormenta más, igual a las tormentas que los discípulos, profesionales de la pesca estaban acostumbrados a experimentar. Detrás de esta tormenta habían fuerzas espirituales que intentaban matar a Jesús y sus discípulos. El objetivo era impedir que el Reino de Dios llegase a la región de las 10 ciudades que conformaban la Decápolis.

Si aquella hubiese sido una tormenta igual a las otras, los pescadores no se hubiesen asustado tanto como en aquella ocasión. Había una especie de 'negrura' detrás de esta tormenta. (Mc 4,35-41). Cuando Jesús llega a la orilla con Sus discípulos enfrenta el mayor problema de aquella región: Un hombre endemoniado. Nos dice la Palabra de Dios que lo intentaban encadenar pero no lo lograban, gritaba día y noche y se golpeaba. De seguro que ni la familia de este hombre ni las demás familias tenían tranquilidad con alguien así rondando por ahí.

Jesús libera a este hombre de la Legión de demonios que le mal influenciaba. Pero los gerasenos, en vez de agradecer que liberaran a uno de sus ciudadanos de las influencias del mal, exigen a Jesús que se vaya de aquella región. Y Jesús, cuando le piden que se vaya, se va. Y así lo hizo. Los dejó. ¿Te imaginas que Jesús se vaya y te deje? (Horrible ¿Verdad?)

En esta ocasión ocurre algo muy distinto a muchas otras sanaciones hechas por Jesús, pues generalmente Jesús pedía al sanado no contar nada a nadie. Este hombre, al verse libre, le rogaba a Jesús que lo dejara irse con Él, pero Jesús tenía otra estrategia y le dice: "Vete a tu casa, con tus parientes, y cuéntales todo lo que el Señor te ha hecho, y cómo ha tenido compasión de ti. El hombre se fue, y comenzó a contar por los pueblos de la Decápolis lo que Jesús había hecho por él; y todos se quedaron admirados." (Mc 5,19-20).

Cuando este hombre cuenta en su familia lo sucedido, la fe de su familia se activa. De seguro pasó igual con los vecinos. Este hombre, nos dice la Palabra de Dios, recorrió todas la Decápolis y él tenía una sola prédica, es decir, siempre decía lo mismo en todas las 10 ciudades. Él sólo contaba lo que Jesús había hecho por él, no decía nada más ni nada menos. Su testimonio. Su sanación activó la fe de toda aquella región.

Cuando Jesús regresó a la Decápolis la fe de la gente estaba tan activa que mira lo que pasó: "Mucha gente se reunió donde él estaba. Llevaban cojos, ciegos, mancos, mudos y otros muchos enfermos, que pusieron a los pies de Jesús, y Él los sanó. De modo que la gente estaba admirada al ver que los mudos hablaban, los mancos quedaban sanos, los cojos andaban y los ciegos podían ver. Y comenzaron a alabar al Dios de Israel." (Mt 15,30-31) Hay que entender que en aquella región no había mucha presencia Judía, por ello termina este versículo diciendo que comenzaron a alabar al Dios de Israel. Aquel lugar pasó de ser una región sin fe en Dios a una región con fe en Dios. Pasó de ser una región en la cual hasta los fenómenos atmosféricos que iban en contra de los humanos se calmaron y ahora era una región en la cual se podía vivir con tranquilidad. Pasaron de ser una región llena de enfermos a una región donde abundaban las sanaciones y milagros en la Presencia de Jesús.

Lo impresionante de todo esto es que la fe y apertura al Poder de Dios de aquella gente vino a través del testimonio de uno de ellos. Esta fe fue creciendo mientras esperaban ver a Jesús nuevamente. En mi experiencia en el Ministerio de Jesús entiendo que la fe para sanaciones no es la misma que la fe para milagros y aquí se nos relatan tanto sanaciones como milagros. Aquí ocurrió lo que podríamos llamar 'milagros reconstructivos' o 'milagros creativos' pues nos dice que 'los mancos quedaban sanos'. ¿Qué es un manco? Un manco es una persona que le falta algo, generalmente un brazo o una mano. Es decir que si un manco fue sanado se nos está diciendo que a esas personas Dios les creó una mano nueva. Esto Jesús no lo pudo hacer en Nazaret, como decíamos anteriormente, pues la gente no tenía fe en Él. En cambio, sí lo hizo aquí por la fe colectiva.

Otro ejemplo que tenemos en el Nuevo Testamento de cómo el ambiente de toda una comunidad o ciudad cambia es el ejemplo de la ciudad de Éfeso (Hechos 19). Aquí podemos ver 7 signos o indicadores de lo que hace que un ambiente familiar o comunitario avive su fe y apertura al Poder Sanador de Jesús:

1. Experiencia de Salvación: Cuando Pablo llegó a Éfeso encon-

tró un grupo de creyentes allí, pero notó que les hacía falta experimentar la Salvación en Jesús. Estos creyentes habían recibido el bautismo de Juan Bautista. Pablo les aclara: "Juan bautizaba a los que se volvían a Dios, pero les decía que creyeran en el que vendría después de él, es decir, en Jesús." (Hch 19,4) Les faltaba poner sus vidas en Jesús. Abrir sus vidas a Jesús y confiarse a Él.

2. Bautismo en el Espíritu Santo: Luego de que este grupo o pequeña comunidad de creyentes pusiera su fe en Jesús recibieron 'un bautismo en el Espíritu' es decir, una experiencia poderosa de oración en la cual se abrieron a los carismas del Espíritu Santo. Nos dice el versículo 6: "y cuando Pablo les impuso las manos, también vino sobre ellos el Espíritu Santo, y hablaban en lenguas extrañas, y comunicaban mensajes proféticos". La presencia de carismas en una familia o en una comunidad es signo del paso de 'confiar en mí o en nosotros' a 'confiar en Dios'.

3. Enseñanza del Reino de Dios: En el versículo 8 nos cuentan cómo Pablo insistentemente hablaba el Mensaje del Reino de Dios durante 3 meses consecutivos en la sinagoga. Al percibir el rechazo se trasladó a una escuela y allí estuvo 2 años enseñando todos los días. Esto ayuda a cambiar la 'forma de pensar' pues hay gente que aunque ha experimentado la Salvación y ha recibido el bautismo del Espíritu se quedan estancados pues no cambian la manera de pensar. Para que una comunidad se transforme colectivamente hay que pensar como habitantes del Reino de Dios. Pensar como habitantes del Reino de Dios es pensar que el Poder de Dios está ya aquí, accesible para todo aquel que cree.

4. Signos del Poder de Dios (Sanaciones y Liberaciones): En los versículos 11 y 12 dice: " Y Dios hacía grandes milagros por medio de Pablo, tanto que hasta los pañuelos o las ropas que habían sido tocados por su cuerpo eran llevados a los enfermos, y éstos se curaban de sus enfermedades, y los espíritus malignos salían de ellos." La fe de los efesios estaba abriendo un canal por

medio del cual Dios se movía poderosamente.

5. Respeto por el Nombre de Jesús: El versículo 17 dice que tanto judíos como no judíos en Éfeso comenzaron a respetar el Nombre de Jesús. Vieron que el Nombre de Jesús no se podía tomar en vano y la fama de Jesús crecía en la ciudad. Curiosamente, no dice que crecía la fama de Pablo ni la fama de una comunidad específica sino la fama de Jesús.

6. Conversiones de gente dentro de la Iglesia: En este momento de la historia, los pecados secretos salen a la luz. Públicamente muchos de los que creyeron confesaban todo lo malo que habían hecho y renunciaban a libros de brujería sin importar el costo de haberlos adquirido. (v. 18-19). Aquí se corta con la oscuridad del pasado, ahora el diablo no tiene de qué 'agarrarse' para seguir esclavizando.

7. Crece la cantidad de personas confiando sus vidas a Jesús: Mientras más personas en la ciudad se entregan a Jesús más cambia el ambiente. El versículo 10 dice que en toda la provincia 'oyeron el mensaje' y el verso 20 dice que 'el mensaje iba extendiéndose y demostrando Su Poder'. No hay nada que atraiga más personas al Evangelio que las demostraciones del Poder de Dios, es decir, las sanaciones, las liberaciones abren el corazón cerrado y cambian la atmósfera espiritual de cualquier lugar.

Si tu familia o comunidad sigue los pasos anteriores el ambiente cambiará y brotará el Poder de Dios.

Testimonios de sanación del ambiente

Hace unos años fui invitado junto a Cristian (otro hermano de mi comunidad) al pueblo de Limonta, en Veracruz, México. Nos invitó el párroco de aquel pueblo, el padre Ulises. Antes de ir al pueblo nos contaban que era un pueblo campesino, es decir que vivían de lo que producían en el campo. Principalmente frijoles. Algo que nos llamó la atención a Cristian y a mí es que nos decían que todos los años en lo que para ellos era la temporada de lluvia, les llovía tanto que se crecían los ríos, se les inundaban las siembras, perdían el fruto de su trabajo, se les caían las casas y entonces se refugiaban en el templo parroquial que era la única edificación firme del pueblo.

Cristian y yo discernimos que esta 'destrucción cíclica y anual' no era la voluntad del Señor para este pueblo. Definitivamente Dios no deseaba que sus pequeños hijos perdieran sus siembras y sus casas todos los años. Decidimos que el día de predicación que pasaríamos con esta gente sería para enseñarles a 'tomar autoridad sobre la atmósfera del pueblo'. Los representantes del Reino de Dios en aquella región son ellos, los campesinos son los dueños de aquel lugar y en el Nombre de Jesús debían tomar dominio sobre lo que estaba ocurriendo.

El sacerdote que nos invitó estaba un poco asustado por lo que queríamos enseñar. Decía: "Y si les sembramos falsas esperanzas de que dejará la lluvia de inundar esta región" o "Y si les herimos la fe a esta gente". Pero le decíamos: "¿Qué fe vamos a herir si ya no tienen fe?" Sentimos que debemos 'inyectar' fe en la Palabra de Dios. Buscamos citas bíblicas que nos sirvieran de apoyo a esto que sentíamos. En el libro de Sabiduría capítulos 10 y 11 se nos relata cómo los elementos de la naturaleza se sometían para servir al Pueblo de Dios en el desierto, dando sombra en el día y luz de noche, agua desde la roca, etc. Además el texto bíblico por excelencia es cuando Jesús calma la tormenta, haciendo Él notar que no le gustó que lo despertaran, como si Él estuviera esperando que ellos calmaran la tormenta, por eso les pregunta cuando le despiertan asustados: "¿Acaso no tienen fe?"

Luego de las prédicas, como no estábamos en temporada de lluvia, ensayamos con los campesinos lo que ellos iban a hacer cuando vieran las nubes agrupandose para comenzar a llover. Les decíamos, digan en voz alta: "Nubes, en el Nombre de Jesús, no nos inunden, solo lluevan lo necesario y vayanse a donde se les necesite. Amén". Les dijimos que al comenzar la temporada de lluvia se reunieran en la parroquia a hacer silencio frente a Dios y en un momento específico cuando estuvieran la mayoría juntos dijeran en voz alta esta 'orden de fe' a las nubes.

Así lo hicieron y el próximo año, Limonta, el pueblo conocido por sus inundaciones, no se inundó. Y así ha seguido desde entonces. Ellos oran y el pueblo no se inunda. El pueblo pasó de estar sumido en un ambiente de derrota a un ambiente de victoria en Jesús. Ya no perdían sus siembras ni sus casitas. Pasaron de estar bajo el dominio del miedo a perderlo todo a estar enfocados en Dios, que lo suple todo. El ambiente de fe que inició el escuchar la Palabra de Dios se fortaleció con las reuniones de oración en la temporada de lluvia, provocando resultados palpables para todos. Ahora el Pueblo de Limonta es testigo de que Dios es el Señor del Cielo y la tierra, los ama y no se ha olvidado de ellos. Son testigos de que Dios está con ellos. Uno de los detalles que más me gusta de este testimonio es que nosotros los predicadores no estuvimos presentes cuando ocurrió todo esto. Fue la fe del pueblo en el Nombre de Jesús que detuvo las inundaciones y se transformó la percepción espiritual de aquella región. Ahora el ambiente está sano en el Nombre de Jesús.

En otra ocasión estaba en Omaha, Estados Unidos, predicando en un Congreso Diocesano para servidores de la Renovación Carismática. Este evento era solo el día sábado, el domingo los organizadores quisieron llevarme al primer grupo de oración carismático de latinos que surgió en aquella región. Ellos querían llevar al predicador invitado a este grupo histórico y pionero, que ayudó a la renovación de la fe para los latinos de aquella región. Recuerdo que estaba en las afueras de la ciudad, también recuerdo que hacía mucho frío. Estaba nevando. Yo soy de un país muy caliente y estar en un clima así me da mucho, pero mucho frío. Llegamos a una capillita en las afueras de la ciudad. Al estacionarse el vehículo que nos llevaba salí corriendo para entrar a la capilla y recuerdo como hoy lo que sentí al entrar. Lo primero fue meramente físico, sentía dentro tanto frío como fuera, esto a pesar de que la calefacción estaba encendida. Lo otro que sentí, fue espiritual, pero no deja de ser algo muy real, sentí en mi interior la frase: "En esta capilla domina un espíritu de enfermedad". Realmente me impactó. Nunca había sentido una palabra de conocimiento igual. Mientras me presentan al coordinador del grupo, seguía esto en mi mente y corazón.

Antes de que comenzara formalmente la reunión de oración, en lo que llegaban los participantes, me senté a orar, a hablar con el Señor Jesús. Le pedía que me confirmara si esto que sentía venía de Él o era un engaño. No me respondió nada en ese momento. Llegaron los participantes. No eran muchos. Una veintena de personas. Iniciaron los cantos y la alabanza. Noté a una persona con bastón, de esos que tienen en el suelo 4 patas. Ahí el Señor me habló: "Cuando sea tu turno para hablar pregunta si hay enfermos aquí y verás que todos están enfermos. Eso es causado por el espíritu de enfermedad". En ese momento me vino la pregunta y si están todos enfermos ¿que hago? Automáticamente me respondió: "Ordénale en mi Nombre al espíritu de enfermedad irse. No se ha ido pues nadie lo ha echado y luego hay que orar por cada uno de los enfermos". ¡Uff! De repente me cambiaron la prédica y el plan que había preparado.

Llegó el momento en que me presentan en el grupo de oración y al tomar la palabra pregunto: "¿Hay enfermos aquí? Levanten sus manos las personas que tengan alguna enfermedad o dolor" Todos levantaron la mano, menos unos niños que andaban acompañando a su mamá y a su abuelita. Internamente, para no asustar a nadie, dije: "espíritu de enfermedad, en el Nombre de Jesús, vete de este lugar y deja a esta gente". Luego vino el segundo paso indicado: orar por cada persona presente. Les dije que en vez de predicar íbamos a orar por cada enfermo. (Esto es posible cuando el grupo es pequeño).

Entonces la primera persona por la que oramos fue la señora del bastón. Fue sanada rápidamente. Caminó sin su bastón. Los nietecitos eran los niños que mencioné anteriormente. Estos brincaban de alegría pues no habían visto a su abuela caminar sin bastón. Oramos luego por una mujer diagnosticada de cáncer en los senos, recuerdo que estaba bien abrigada (todos estábamos bien abrigados pues como dije anteriormente, hacía mucho frío dentro a pesar de la calefacción). Mientras orábamos por ella sudaba copiosamente. Se quitó los abrigos pues sentía mucho calor, mientras todos seguíamos con frío. Lo vimos como un signo de la Cristoterapia (sentimos el Poder de Cristo resucitado) que estaba destruyendo su cáncer. Al poco tiempo recibí un correo electrónico en el cual me testificaban la sanación de esta señora.

Seguimos orando, uno por uno fue sanando de su enfermedad o dolor. Lo que hicimos fue poner una silla en el medio del grupo y todos nos acercábamos a orar. Una de las personas recibió sanación de un dolor de espalda producto de su trabajo en construcción mientras oraba por la persona sentada en la silla del centro. De repente dijo: "Wow se me quitó el dolor de espalda". Luego no tuvo que sentarse en la "silla caliente" para recibir sanación. El ambiente de enfermedad se convirtió en un ambiente de sanación.

Lo curioso es que aquella capilla, aquel grupo de oración, era el primero en ser una fuente de renovación y sanación pero en algún momento comenzó a ser una cuna de personas enfermas. Estaban acostumbrados a estar enfermos. Estar mal era lo normal. Me atrevo a afirmar que en algún momento Jesús ya había intentado 'transformar el ambiente' y no le habían hecho caso.

Ambientes secos vs. Ambientes mojados

La palabra seco tiene varios sinónimos, como por ejemplo árido, marchito, estéril, deshumedecido o deshidratado. Lo contrario a seco es fértil, verde, húmedo, empapado o mojado. Jesús dice lo siguiente:

"Cuando un espíritu impuro sale de un hombre, anda por lugares secos buscando descanso; y si no lo encuentra, piensa: "Regresaré a mi casa, de donde salí." Cuando regresa, encuentra a ese hombre como una casa desocupada, barrida y arreglada. Entonces va y reúne otros siete espíritus peores que él, y todos juntos se meten a vivir en aquel hombre, que al final queda peor que al principio. Eso mismo le va a suceder a esta gente malvada."

Este texto es tomado de Mateo 12,43-45 y aquí Jesús habla de lo que le podría pasar a una persona, comunidad o casa cuando no se mantiene humedecida o empapada de Agua Viva del Espíritu Santo. Jesús nos enseña el comportamiento o conducta de los espíritus impuros y además nos clarifica el por qué algunas personas, comunidades o ciudades terminan perdiendo su esencia cristiana y terminan peor que cuando comenzaron su fe. Hay varias cosas que me llaman la atención de este texto bíblico:

1. Cuando un espíritu impuro sale de un hombre anda por lugares secos buscando descanso: Lo primero según la teología de Jesús es que hay ambientes y/o lugares que cansan a los espíritus malos. Yo no sabía que los espíritus podían cansarse pero prefiero hacerle caso al teólogo Jesucristo. Los espíritus se cansan y salen a buscar descanso, nada más y nada menos que a lugares o ambientes secos. La sequedad les descansa. La sequedad les fortalece. Los ambientes secos son como un spa o un hotel de demonios. Un lugar o ambiente seco es donde no hay agua y donde no hay agua no hay vida. Jesús, en ocasiones habla del Espíritu Santo como un 'río de Agua Viva'. Hay que notar que lo contrario a un espíritu impuro es el Espíritu Santo, que es un río con corriente poderosa, un río vivo. Su Presencia ahuyenta los males y su ausencia crea un ambiente de sequedad.

2. Si no encuentra descanso, piensa: "Regresaré a mi casa, de donde salí.": Aquí Jesús, quien es el experto en liberación y ex-

perto en cómo protegerse de espíritus impuros, nos dice que los demonios piensan, es decir tienen capacidad de pensar, y en su razonamiento sienten que pueden regresar a molestar, atacar o mal influenciar a la persona, familia o comunidad de la que le echaron. Jesús habla de la persona comparándola con una casa, una casa no son sólo 4 paredes, una casa es un ambiente. Una casa nos proveé de un ambiente de privacidad y cercanía. Jesús aquí nos muestra que ese espíritu, antes de salir se sentía en casa pues la persona/casa estaba con la misma condición de los lugares o ambientes atractivos para demonios, es decir la persona/casa estuvo seca, sin vida. Algo tuvo que pasar para que ese espíritu ya no se sintiese en casa y saliera. Se va a buscar y si no encuentra intentará regresar vengativamente.

3. Entonces va y reúne otros siete espíritus peores que él: La venganza es buscar a otros más fuertes para regresar y empeorar la situación. Jesús nos dice que hay una jerarquía de empeoramiento, en el mundo de los espíritus hay unos peores que otros. Y son capaces de ponerse de acuerdo y unirse. Cosa que a veces los cristianos no hacemos, reunirnos a ponernos de acuerdo. Esta falta de unidad entre los creyentes es un ambiente óptimo de sequedad para que los espíritus malos se sientan en libertad de atacar y dañar. Por esto las reuniones para ponerse 'de acuerdo' bajo el Señorío de Jesús entre distintos movimientos de la Iglesia afecta a los malos espíritus, así también las reuniones entre católicos y protestantes orando hacen que el Agua Viva del Espíritu Santo canse a los malos y se vayan lejos de familias, vecindarios, ciudades y países.

4. Todos juntos (espíritus impuros) se meten a vivir en aquel hombre, que al final queda peor que al principio: Cuando una persona/ambiente queda peor que al principio, según Jesús, que dicho sea de paso es un experto en discernimiento, es porque esta persona está sufriendo de ataques de varios espíritus, que por alguna razón están tomando venganza sobre esta persona, casa o comunidad. Una comunidad que inicia orando por enfer-

mos y sanando en el Nombre de Jesús que de repente ahora está llena de gente enferma y muriéndose está sufriendo de ataques para que termine 'peor que al principio'. Cuando una ciudad que históricamente fue fundada cristianamente y que en sus inicios fue una ciudad productiva en la cual varias familias crecieron y se desarrollaron ahora se convierte en una ciudad llena de odio y crimen, donde no hay paz y las familias salen huyendo de allí, es porque esta ciudad está bajo ataque y estos espíritus malos quieren que termine esta ciudad siendo 'peor que al principio'. Siendo la vocación de aquella comunidad el sanar a otros, termina en enfermedad y muerte. Siendo la vocación de aquella ciudad ser una cuna de familias pacíficas termina siendo una ciudad destruida por el crimen.

5. PERO Jesús deja bien claro cómo evitar esto, dice: "Cuando regresa, encuentra a ese hombre como una casa desocupada, barrida y arreglada": Una casa barrida es una casa limpia. Una casa arreglada es una casa sana, sin roturas. Es decir, que según Jesús, estos espíritus atacan a la gente o a los ambientes limpios y sanos. Pero lo peor no es esto, lo peor es que Jesús usa la palabra desocupada, encuentra la casa no solamente limpia y arreglada sino la encuentra desocupada. Es decir una casa sin propósito, sin misión, sin ocupación. Esto también pasa en lo físico, cuántos terrenos desatendidos por sus dueños no son luego ocupados por otros, o casa que nadie las habita, luego vienen otros y se meten allí como si les fuera propio.

Muchas personas en la Iglesia tienen una experiencia de salvación y/o sanación y luego pueden terminar peor que antes de haber tenido esta experiencia de salvación y/o sanación porque no hacen todo lo contrario a este versículo. Es decir, la casa, el ambiente, la persona es cierto que debe barrerse, es decir limpiarse de pecados, deshacerse de lo que nos estorba y cada día convertirnos. También es cierto que todos en la Iglesia necesitamos ser arreglados o sanados. Vamos a retiros, congresos y cursos para esto. Pero nada de esto sirve si los espíritus malos nos encuentran sin oficio, sin nada que hacer, nos encuentran como unos vagos desocupados.

La solución es llenarnos del Espíritu Santo, pero no una vez, sino constantemente. Para evitar la sequedad hay que mantenerse empapado, humedecido o mojado por el Agua Viva que salpica o salta para la vida eterna. La manera de mantenerse limpio es metido en el río. La manera de mantenerse sano o arreglado es meternos en el río poderoso de Dios. Es dejar al Espíritu Santo llenarnos y dejarlo enviarnos. Que nos ocupe en algo. Nos dé carismas para el servicio. Convertirnos en una 'manguera del Espíritu Santo' pero no en una manguera apagada y seca sino en una que deja fluir su Agua con Poder.

Cuando yo era niño y visitaba a una de mis abuelas; ella me llevaba al patio de su casa mientras ella arreglaba el jardín. A mí me encantaba jugar con la manguera y el agua. Un día hice un descubrimiento que jamás he olvidado. Mi abuela había comprado de una tierra negra para mezclar con abono y echarle a sus plantas. La manguera estaba apagada y yo la tenía en mi mano. Enterré la punta de la manguera en la tierra negra. Mi abuela me pidió que no hiciera eso y que sacara la manguera de la tierra negra. Cuando lo hice me asusté pues ví que el orificio no solamente estaba sucio sino que estaba completamente tapado con tierra negra. Pensé que estaba en graves problemas con mi abuelita. Pero ella me miró sonriente y me dijo que abriera el agua y que lo hiciera hasta el tope. Entonces el agua salió con tanta fuerza que no sólo se destapó la manguera sino que se limpió toda. Mientras estaba la manguera con agua fluyendo yo intenté enterrarla de nuevo. Hice un lodazal, pero descubrí que por más sucio que hubiese mientras la manguera dejara fluir el agua ningún sucio entraría.

Esto mismo se aplica a nosotros, mientras estemos conectados a la fuente de Agua Viva y dejemos que esta Agua corra, fluya y pase por nosotros y desde nosotros a los demás, nada podrá entrar a dañarnos. En fin, no cerremos la llave, no salgamos del río y dejemosle salir con Poder desde nosotros. Es la única forma de que aunque nos ataquen, no puedan entrar y ensuciar y dañar nuestras vidas, ni nuestras casas, ni barrios ni ciudades. Que fluya Su Espíritu Santo. Que se mueva Su Presencia.

Cómo sanar ambientes (familiares, comunitarios, etc...)

La palabra hogar tiene la misma raíz que hoguera. Una hoguera es fuego que se enciende y se mantiene encendido en una casa. La hoguera no solo era usada para calentar, también era usada para cocinar los alimentos, para desde ahí sacar luz para toda la casa. Las casas sin hogueras no alimentan bien a los que viven en ellas. Una casa sin hoguera no alumbra los pensamientos y decisiones. Además de lo que ya vimos sobre la sanación de la relaciones, que es básico para que un ambiente familiar o comunitario sea sano, agregaré aquí lo necesario para cambiar la atmósfera o el ambiente de una casa, comunidad, pueblo o ciudad.

La falta de perdón en alguien es uno de los bloqueos más fuertes para que una persona sea sana interior o físicamente, además de que esto provoca el tener en la vida conflictos no resueltos. En caso de descubrir conflictos no resueltos entre personas de tu comunidad o familia, ya sea que lo descubras porque Dios te lo diga o porque lo notes o te lo digan los afectados, acá te pongo unos pasos para ayudarles a sanar:

a) **Jesús es la luz, es el centro, el Señor:** ¿Quién manda aquí? ¿Quién es Señor o Dueño aquí? El ambiente de un hogar. El tono en una comunidad lo pone el que realmente dirige. En ocasiones, se tiene un director, coordinador principal. A veces en una casa quien dirige es el papá, la mamá o en el mejor de los casos un matrimonio, pero cuando Jesús es el centro todo es tan distinto. No es lo mismo decir o tener adornitos que digan: "En esta casa Jesús es el Señor". Que en realidad el tono detrás de las palabras y actos de los que viven allí. Esto es el principio para un ambiente en el cual Jesús pueda tener libertad para moverse con Su Amor y Poder. ¿Cuál es el corazón detrás de los corazones que allí habitan? Esto cambia la atmósfera.

b) La fe entra por el oído: Creo que lo decía en otro momento en el libro, en el Reino de Dios oír o escuchar está antes que ver. Para ver en nuestra casa o en nuestro lugar de reunión un ambiente óptimo para la libertad del Espíritu de Jesús debe haber fe, pero la fe viene por el oír la Palabra de Dios. "Así pues, la fe nace al oír el mensaje, y el mensaje viene de la palabra de Cristo." (Rom 10,17). No es solo que en nuestras casas o grupos se lea o se proclame la Palabra de Dios es que nuestras propias palabras estén en sintonía con lo que Dios dice. En una comunidad o casa en la cual solo se habla de problemas o se cuentan de los peligros que hay por ahí, el miedo aumenta y la fe disminuye. Por esto es tan importante también el contar testimonios del Poder sanador y libertador del Señor para que nuestra familia y nuestra comunidad sintonice más con lo que Dios está haciendo y se desenfoque más del sonido de afuera. Hasta las canciones que se cantan en un grupo de oración afectan el ambiente, hay canciones que enfocan más a quienes las escuchan o las cantan en sus propios problemas y líos, en vez de ayudarles a elevar Su mirada y fe en la Bondad y Poder de Dios. Lo que se oye y se repite en un ambiente se clava y afecta la atmósfera. Decir Sus Palabras, con el tono de Su corazón y cantar las canciones que se cantan en el Cielo.

c) Nuestras palabras son espirituales: Lo anterior nos lleva a lo siguiente. Jesús dijo: "El espíritu es el que da vida; lo carnal no sirve para nada. Y las cosas (las palabras) que yo les he dicho son espíritu y vida". (Juan 6,63). ¿Qué es lo que se habla en la intimidad de nuestras reuniones familiares o comunitarias? ¿Cuál es el espíritu detrás de nuestros sueños, ideas y planes? También nosotros por ser hijos de Dios tenemos palabras que dan vida o dan muerte dependiendo de nuestra conectividad individual y comunitaria con Dios. Nuestras palabras, los dichos de nuestra boca crean un ambiente o una atmósfera propicia para la receptividad de bendiciones. El cielo se desata en la tierra en las familias que se hablan en conectividad con Dios. Hay comunidades que se dividen después de reuniones en las que los hermanos allí en vez de decirse lo que Dios quiere, cada cual se dice lo que le da la gana. El espíritu que domina en un ambiente tiene mucho que ver con lo que se dicen quienes se reunen allí.

d) Reuniones de borrachos en el Espíritu: "No se emborrachen, pues eso lleva al desenfreno; al contrario, llénense del Espíritu Santo. Háblense unos a otros con salmos, himnos y cantos espirituales, y canten y alaben de todo corazón al Señor." (Efesios 5,18-19)

S. Pablo nos da la técnica que funciona para que nuestros ambientes estén llenos del Espíritu Santo. La manera de evitar la sequedad en la cual los males descansan es que tengamos una fluidez del Espíritu Santo que impida el acomodamiento del mal. Un ambiente de alabanza y adoración real es un ambiente de Poder de Dios. No está en las muchas palabras ni en las canciones del 'último disco' por ahí. Es el enfoque detrás, el corazón detrás, la intención que hay detrás. Es mejor cantar lo que hay en el corazón de Dios que lo que hay en el mío y de seguro que si le canto a mi familia el canto de Dios para ellos: La atmósfera cambia, se llena del Espíritu de Dios.

Citas bíblicas para meditar y orar:

"Así pues, **la fe nace al oír** el mensaje, y el mensaje viene de la palabra de Cristo." Rom 10,17

"El Espíritu es el que da vida; lo carnal no sirve para nada. Y **las cosas (las palabras) que yo les he dicho son espíritu y vida**". Juan 6,63

"Cuando un espíritu impuro sale de un hombre, anda por **lugares secos buscando descanso**; y si no lo encuentra, piensa: "Regresaré a mi casa, de donde salí." Cuando regresa, encuentra a ese hombre como una casa desocupada, barrida y arreglada. Entonces va y reúne otros siete espíritus peores que él, y todos juntos se meten a vivir en aquel hombre, que al final queda peor que al principio. Eso mismo le va a suceder a esta gente malvada." Mateo 12,43-45

"Y **no hizo allí muchos milagros** porque aquella gente **no tenía fe en él.**" Mateo 13,58

"Cruzaron el lago y llegaron **a la tierra de Genesaret**, donde amarraron la barca a la orilla. Tan pronto como bajaron de la barca, **la gente reconoció a Jesús**. Corrieron por toda aquella región, y comenzaron a llevar en camillas a los enfermos a donde oían decir que estaba Jesús. Y dondequiera que él entraba, ya fuera en las aldeas, en los pueblos o en los campos, ponían a los enfermos en las calles y le rogaban que los dejara tocar siquiera el borde de su capa; y **todos los que la tocaban, quedaban sanos.**" Marcos 6,53-56

"No se emborrachen, pues eso lleva al desenfreno; al contrario, **llénense del Espíritu Santo.** Háblense unos a otros con salmos, himnos y cantos espirituales, y canten y alaben de todo corazón al Señor." Efesios 5,18-19

Oración:

Señor no permitas que nos pase como a Jerusalén, que no reconoció el momento en que viniste a visitarnos. Ni como aquellas ciudades en las cuales hiciste tantos milagros y aún así se cerraron a la transformación que querías brindar.

(Ahora te invito a usar la imaginación: Imagínate a Jesús entrando a tu casa. Irradiando Su Luz de Resucitado sobre cada rincón y sobre todos los que allí viven. Mira también como Él entra a tu reunión de servidores o de comunidad. Deja que cante y escuchalo cantar sobre ustedes. Anota y repítele a los tuyos lo que dice Jesús)

En el Nombre de Jesús bendigo mi familia, comunidad y trabajo. Digo con mis labios palabras de bendición sobre los lugares donde más tiempo paso. Creo que el Espíritu de Dios fluye desde mi corazón 'como un río de Agua Viva' que salpica y transforma todo lo que toca.

(Ahora te invito a usar la imaginación: Jesús está ahí contigo. Paséate por tu casa. Por tu grupo. Permite que Su Espíritu Santo vaya contigo. Mira como el Amor de Dios lo llena todo y los miedos, angustias, problemas se van ante Su Presencia)

Preguntas para reflexión Individual o en grupo:

1. ¿Qué entiendes sobre el concepto de ambiente o at-mósfera tratado en este capítulo?

2. ¿Por qué en algunos ambientes/lugares hay más sanaciones que en otros?

3. Piensa en tu casa o tu comunidad. ¿Qué palabras o gestos crees pueden ayudar a un cambio de ambiente?

4. Después piensa en alguna vez que entraste a un lugar o ambiente y sentiste sequedad o el mal muy palp-able. ¿Qué elementos, actitudes, palabras o gestos con-tribuyeron a que fuese así? ¿Qué puedes aprender de esto?

5. Haz tu propia descripción de lo que es tener una casa o reunión comunitaria en la cual el ambiente/atmósfera sea propicio para el mover del Espíritu de Dios.

CAPÍTULO 5
SANACIÓN DE
INFLUENCIAS
DEMONÍACAS

Ejemplos en la Biblia

La sanación del endemoniado de Gerasa (Marcos 5, 1-20)

E s bueno comenzar diciendo que este es un caso extremo. Mal creer que toda persona atacada por demonios lo sufrirá de esta manera es un error. Este es un alto nivel de demonización. Todas las áreas de la vida de este hombre estaban siendo afectadas. Vivía entre las tumbas de un cementerio (en un ambiente sin vida, **necesitaba cambiar/sanar el ambi-**

ente en el que vivía) sin amigos ni familiares que se relacionaran con él (**necesidad de sanación en sus relaciones**). Se hacía daño físico a sí mismo (dolor, dañado físicamente con **necesidad de sanación física**) y aunque lo encadenaban tenía una fuerza sobrenatural que rompía las cadenas (**necesitaba liberación demoníaca**). Estaba mentalmente y emocionalmente desequilibrado (**necesitando sanación interior**), muchas veces gritaba descontroladamente. No tenía ningún tipo de conectividad con la espiritualidad del Dios de Israel (su espíritu estaba enfermo, **necesidad de sanación espiritual**).

La buena noticia es que aunque una persona esté en un alto grado de influencia demoníaca aún tiene libertad para acercarse a Dios. Esta persona, cuando vio a Jesús sintió inmediatamente la posibilidad de libertad y se arrodilló a Sus pies. Puede ser que hubiera escuchado hablar de Jesús pero de todos modos algo espiritual sucedió, pues en aquellos tiempos no habían fotos en redes sociales para que supiera quién era el que llegaba en la barca. El espíritu maligno al verlo de cerca comenzó a hablar a través de la voz de esta persona, dijo a gritos:

—¡No te metas conmigo, Jesús, Hijo del Dios altísimo! ¡Te ruego por Dios que no me atormentes! (v.7)

La Presencia de Dios es tormentosa para los espíritus. A ellos les causa el efecto contrario que a nosotros. A nosotros Jesús nos da paz. La Presencia de Jesús es un alto para los demonios. Su Presencia ya es un golpe del Juez Justo. Ya basta, el Reino de Dios está aquí. Por esto los demonios temen a Jesús y a los habitantes de Su Reino.

Los espíritus se esconden en las heridas, traumas, pecados y desequilibrios de las personas y se manifiestan en ambientes en que la Presencia de Dios es fuerte. La Presencia de Dios les exige salir y por eso gritan, patalean o hablan a través de la persona como un intento de asustar, intento de desafiar la autoridad de los hijos de Dios o intentan negociar o distraer.

Jesús le ordena varias veces dejar a esta persona. (v.8) Según los estudiosos del idioma original en que fue escrito esto significa que fue un proceso largo. No fue una obediencia inmediata. Fue una batalla. Generalmente los espíritus evaden dejar de atormentar a la persona víctima. Algo muy importante que aprender aquí de Jesús es que no se dialoga ni se entabla una conversación con los demonios. Jesús le ordenaba dejar a la persona y basta. Jesús le preguntó el nombre pero creo por la experiencia que he tenido en liberación que preguntaba el nombre al hombre. Pues en momentos de lucha con los demonios ayuda mucho cuando la persona ejercita su voluntad y retoma su persona, su voz. Además, Jesús a pesar de luego saber el nombre del espíritu, no le dijo: "Legión fuera". En realidad lo importante para nosotros es orar y hacer esto en el Nombre de Jesús. Saber la autoridad y poder que hay en el Nombre de Jesús es lo importante.

El v.10 muestra la intención de negociación que generalmente tienen los espíritus. Intentan negociar el quedarse; pero siempre son muy engañosos, por ello lo recomendable es no hablar con ellos. Negocian quedarse en este mundo pues le temen al lugar reservado para ellos (Lucas 8,31; Apocalipsis 20,1) Monseñor Uribe Jaramillo enseñaba a ordenarle a los espíritus ir a los pies de Jesús para que el Señor les ordene a donde ir. Esto ayuda al proceso de liberación, pues al infierno no quieren ir. Además el Señor no nos ha dado la autoridad para enviarlos a donde se nos ocurra.

En el v.12 piden ir a los cerdos que habían por allí. Esto muestra que los espíritus desean tener cuerpo, aunque sea de animales. Pero vemos como en animales sin la defensa que aporta la voluntad se precipitan hacia la muerte. Algo que estaban haciendo lentamente en la vida del hombre, llevándolo a la muerte. Es necesario aclarar que la voluntad humana tiene un papel muy importante en todo esto. Ejercer la voluntad es muy importante en el proceso de libertad de demonios. Una persona de voluntad firme hacia Dios y Su Reino es muy difícil que pueda ser influenciada por demonios. Al salir de la persona no pueden entrar automáticamente en otras personas. Van solamente a donde Jesús les autoriza. Los espíritus no pueden acceder a la vida de las personas con velocidad automática. Es necesario la voluntad humana para esto.

Aparentemente los espíritus operan en áreas (personas, lugares, asociaciones) conocidas por ellos, al dejarlos sufren una desorientación. Es por esto que Jesús dijo que después andan vagando y buscando. (Lucas 11,24-26). Si no encuentran descanso intentarán regresar a lo que consideran su conocida casa y traen otros consigo pues son vengativos y ya saben que necesitan más fuerza para que no les echen de nuevo.

Los del pueblo luego encuentran al ex-endemoniado (v.15) "vestido, sentado y en su sano juicio". Ahora totalmente restaurado y libre de los demonios que le atacaban. Su dignidad ahora está restaurada, mental y emocionalmente sano; sanado espiritual y físicamente, capaz de reintegrarse a su familia y a la sociedad. Este contó a sus amigos, familiares y vecinos lo que Jesús había hecho por él y fue responsable de la fama de Jesús en aquella región (v.20). El Reino de Dios vino con Poder a acabar con el dominio del mal sobre la humanidad.

La sanación de una niña sirofenicia (Marcos 7, 24-30)

Toda sanación y/o liberación de niñas y niños está siempre sometida a la autorización, permiso y fe de sus padres. Sin el permiso de los padres las puertas están cerradas u obstaculizadas hasta la mayoría de edad. En esta ocasión una madre desesperada, pero con mucha fe en Jesús fue la puerta para la libertad de la niña (algo parecido ocurre en Marcos 9, 14-29 cuando Jesús sana y libera a un niño con el permiso de su padre).

Esta mujer, a pesar de ser de otra cultura y creencia religiosa, había puesto su confianza en Jesús para sanar y liberar a su hija. Se arrodilla frente a Jesús y ruega por ella. La respuesta de Jesús parece ser negativa, pero hay que entender que los sirofenicios tenían creencias muy distintas a los judíos y esta respuesta era para realmente ver si ella venía con fe o con creencias supersticiosas disfrazadas de fe.

"Deja que los hijos coman primero, porque no está bien quitarles el pan a los hijos y dárselo a los perros." (v.27) La sanación es el pan de los hijos. La liberación no es para todo el mundo, es solo para los que son hijos e hijas de Dios. Somos hijos salvados por la fe y el bautismo (Marcos 16,16). La sorprendente fe de esta mujer es un adelanto profético de lo que vendría.
Para Jesús la sanación y la liberación es 'el pan de cada día' reservado a los hijos de Dios. Un hijo no tiene que trabajar para recibir pan. No tiene que pelear por ello, solo pedirlo.

La respuesta de ella es una respuesta de fe. "Pero, Señor, hasta los perros comen debajo de la mesa las migajas que dejan caer los hijos." (v.28) Ella estaba confiada en que Jesús tiene todo el poder para curar y liberar a su niña. Jesús deja bien claro que la manera de ella hablar con él era un signo muy claro de fe y por esto su hija ya estaba libre. Cuando ella llegó a su casa encontró a la niña sentada en la cama. Ahora tanto la madre como la hija recuperaron la paz que le habían robado (Jn 10,10).

Me gusta este relato de liberación porque muestra que no toda liberación es con gritos, vómitos y pataleos. Muchas personas con una muy mala formación en esta área de sanación han dado una fama errónea y parecen promotores de películas de terror en vez de promover la realidad de que el Rey Jesús ha obtenido para nosotros una victoria total. El enfoque siempre en Jesús y no en el mal. El proceso de liberación de una persona no necesariamente tiene que ser ruidoso, largo, difícil y humillante para quien recibe liberación.

Siempre que hay liberación de demonios hay sanación

Mi obispo (Mons. De la Rosa) siempre ha dicho: "Cuando hay sanación no siempre hay liberación, pero siempre que hay liberación de demonios debe de haber sanación". Los espíritus malos pueden causar muchos males en la vida de las personas, como por ejemplo:

- Pesadillas

- Enfermedad

- Miedo constante y sin fundamento

- Depresión

- Acusaciones genéricas

- Conductas Irracionales o inapropiadas

- Sentimientos de culpa y vergüenza

- Pecados cíclicos (Vicios/ adicciones)

- Dolor físico

Los espíritus malos o demonios están totalmente en contra del plan de evangelización del Rey Jesús. Los demonios siguen a su director satán para detener la evangelización sembrando discordias y división en la Iglesia; hiriendo la unidad del Espíritu Santo; tentando a los creyentes a que pequen una y otra vez hasta escandalizar y desanimarse tanto que dejen su relación con Dios y se conviertan en falsos cristianos. El objetivo es que dejen totalmente de vivir en el Reino de Dios.

Hay espíritus malos que causan dolor y enfermedad. Muchas veces los médicos no pueden diagnosticar lo que realmente afecta a ciertas personas, pues a los doctores en medicina no les han enseñado a discernir estos ataques. En ocasiones también puede ocurrir que en ciertas enfermedades las medicinas exactas o el tratamiento queda totalmente inefectivo por el ataque de espíritus enfermos y de enfermedad. Jesús en ocasiones liberó a personas de espíritus de sordera, mudez y ceguera, entre otros.

Ciertos ataques o influencia de demonios pueden ser solo espirituales o sobre la mente o emociones de las personas. Esto resulta desesperante para el paciente o víctima. Muchas veces aturde la percepción espiritual de quien sufre estos ataques. No hay una sola forma en que hirien o dañan; puede darse el caso de que sea una influencia constante o pueden esconderse y ejercer su influencia quizás años después para cuando la víctima esté en alguna posición de liderazgo familiar, eclesial o gubernamental para así desde allí hacer más daño.

El remedio para todo lo anterior es la sanación o como en ambientes carismáticos le llamamos, el remedio es la liberación (lo que en la Iglesia Católica llamamos exorcismo menor. En este libro no trataremos sobre el exorcismo mayor o litúrgico pues no soy el indicado para escribir sobre ello). La liberación de demonios siempre ha sido, desde el inicio de la Iglesia, un signo claro de la victoria de Jesús sobre satán y sus demonios. Es un signo del Poder de Dios tanto para creyentes como no creyentes. Esta liberación he visto que es más un proceso que un evento. Muchas veces la sanación física puede verse en un evento de evangelización pero no siempre con la liberación es así. La persona que es víctima de ataques demoníacos o influencia de espíritus malos es bueno que inicie un proceso de evangelización, nazca de nuevo en el Espíritu Santo y que desée radicalmente ser libre.

5 cosas que debemos saber sobre los demonios

1. Los demonios son ángeles caídos, son espíritus impuros y/o

malignos.

"Después hubo una batalla en el cielo: Miguel y sus ángeles lucharon contra el dragón. El dragón y sus ángeles pelearon, pero no pudieron vencer, y ya no hubo lugar para ellos en el cielo. Así que fue expulsado el gran dragón, aquella serpiente antigua que se llama Diablo y Satanás, y que engaña a todo el mundo. Él y sus ángeles fueron lanzados a la tierra."
(Apoc 12, 7-9)

Estos demonios ya no tienen lugar en el cielo. Al seguir a satán han forjado una separación y enemistad con Dios. Lo relatado en el libro de Job (Job 1,6) ya no tiene validez en el Nuevo Testamento. No tienen contacto directo con Dios nuestro Señor. Más bien le tienen terror a Dios pues saben que les viene su condena eterna. En Santiago 2,19 dice que los demonios tiemblan de miedo con solo pensar en Dios. Los demonios no sirven a Dios, aunque Dios puede tornar sus ataques en un bien mayor para sus hijos. (Rom 8,28)

2. Jesús sabe que los demonios tienen capacidad de dañar, pero nos enseñó a verlos como insectos y/o animales aplastables.

"Yo les he dado poder a ustedes para caminar sobre serpientes y alacranes, y para vencer toda la fuerza del enemigo, sin sufrir ningún daño." (Lc 10,19)

La mayoría de las serpientes asustan pero con cierta estrategia y movimiento las podemos pisar. Tengo un amigo que trabaja sembrando piñas en Costa Rica y muchas veces tiene que matar serpientes. Todavía recuerdo cuando fui por primera vez a Durango, México, donde abundan los alacranes y en la habitación del hotel había varios letreros advirtiendo la posibilidad de que alguno entrase a la habitación. Un alacrán puede dañarme si me descuido y me dejo, pero lo puedo pisar. Esta es la sana perspectiva de Jesús hacia los demonios. Nos dio autoridad sobre ellos (Mt 10,1) y en su nombre podemos expulsarlos (Mc 16,17).

3. Son legalistas con los acuerdos, vengativos, destructivos y sin misericordia

"Cuando un espíritu impuro sale de un hombre, anda por lugares secos buscando descanso; pero, al no encontrarlo, piensa: "Volveré a mi casa, de donde salí." Cuando regresa, encuentra a ese hombre como una casa barrida y arreglada. Entonces va y reúne otros siete espíritus peores que él, y todos juntos se meten a vivir en aquel hombre, que al final queda peor que al principio." (Lc 11,24-26)

No tienen pena del daño que le hacen a la vida o familia de la persona victimizada por ellos. Regresan sin misericordia, buscan venganza atrayendo a otros más fuertes que ellos. Por eso es tan importante cerrar las puertas o romper los acuerdos que inicialmente les dieron pie a su influencia o ataque. Muchas personas sufren más después de una liberación si no son literalmente abrazados por una comunidad de amor que les ayude a mantener las puertas cerradas y con una vida ocupada en el Reino de Dios. María Magdalena pudo manternerse libre gracias a que María, la madre de Jesús, la recibió como una hija y junto a los primeros discípulos la acogieron y enseñaron a mantenerse enfocada en Jesús.

4. Se esconden y/o adaptan detrás de grandes heridas y/o pecados ocultos. Son el problema secundario. Lo primero es el perdón de pecados y la sanación de las heridas.

Comparo esto con las hendiduras en una pared. La pared no fue hecha con esas heridas. Algún golpe le abrió una hendidura. Allí en esa rotura se pueden esconder insectos como arañas o cucarachas. No basta con echar insecticida; es necesario sanar las hendiduras para que así no tengan los insectos dónde esconderse. Por esto el arrepentimiento, el perdón y la sanación interior no pueden faltar nunca. El Amor de Dios sana y libera.

5. La fascinación que sienten ciertas personas por lo oculto y lo opuesto a Dios le han dado a los demonios más fuerza de lo que en realidad tienen.

Es como si los espíritus se 'alimentaran' de atención, odio, ambición, ira, amargura, culpa, orgullo, resentimiento, etc... Mientras más fascinados y contemplativos seamos hacia el Rey Jesús y su Reino menos fuerza tendrán los demonios para atacar o influenciar a las personas. Es por esto que inclusive existen algunos ambientes de la Iglesia con un enfoque equivocado a la liberación, más atentos a las manifestaciones espirituales y poca fascinación por adorar a Jesús. Dedicar tiempo a estar a los pies de Jesús envueltos por Su Presencia sana y libera.

Procesos de demonización

La palabra proceso se parece mucho a la palabra suceso. Es que un proceso es una serie de sucesos que terminan produciendo algo. Como decía anteriormente, los demonios no tienen permiso de 'entrar' en la vida de nadie sin permiso. Además de que no estamos diseñados por Dios para ser endemoniados. Para que esto ocurra hay que pasar por un proceso de demonización y el remedio a esto sería un proceso contrario: Un proceso de liberación.

¿Quién puede ser liberado y quién no? Según Jesús, máxima autoridad en el ministerio de liberación, la liberación es el pan de los hijos. (Mc 7,24-27). Diría que es hasta peligroso para la víctima o persona endemoniada, adentrarse en un proceso de liberación, sin que esté claro que solo sometiendo Su vida a Jesús y vivir la vida como hija o hijo de Dios, podrá vivir realmente libre de los demonios.

"Para ser libres nos libertó Cristo" (Gal 5,1). En fondo la libertad es para los hijos de Dios, bautizados en el Nombre del Padre, del Hijo y del Espíritu Santo. Aunque el ser humano no está hecho para estar endemoniado **los malos acuerdos que hacemos en la vida exponen al cristiano y abren la posibilidad a que los demonios se sientan con permiso legal de dañar.**

Veamos algunos ejemplos bíblicos de cómo personas que fueron llamadas y escogidas por Dios, fueron haciendo acuerdos internos y tomando decisiones que resultaron en apertura a ataques o influencia demoníaca en sus vidas:

En el Antiguo Testamento:
- El Rey Saúl: Dios cambió su corazón (1 Sam 10,9) y le ungió con Su Espíritu Santo (1 Sam 10,10). Luego Saúl pecó y espíritus malignos le atormentaban (1 Sam 16,14). Los signos de estos espíritus malignos se manifestaban a través de Saul con ira, celos, envidia, ganas de matar y miedos (1 Sam 18). Más adelante Saúl practica brujería (1 Sam 28, 1-25) y termina suicidándose (1 Sam 31,4).

En el Nuevo Testamento:
- Judas Iscariote: Uno de los doce cercanos a Jesús (Mc 3,19; Mc 10,4; Lc 6,16). Fue elegido por Jesús (Jn 6, 70). Recibió de Jesús la autorización para orar por los demás (Mt 10,1). Luego fue expuesto, me imagino que con mucho pesar, por el mismo Jesús (Jn 6,70-71). Judas tenía una ambición desenfrenada por el dinero y robaba dinero de la comunidad (Jn 12,4-6). Se creyó las sugerencias del diablo y él 'entró' en Judas (Lc 22,3). Judas traiciona a Jesús (Mt 26,47; Mc 14,43; Lc 22,47; Jn 18,3) Judas se suicida (Mt 27, 3-5).

-Ananías y Safira (Hch 5, 1-11): Los primeros creyentes compartían todo lo que tenían (Hch 5,32). De vez en cuando los dueños de propiedades vendían lo que tenían y lo daban a los apóstoles, para que lo repartieran a los necesitados (Hch 4, 34-35). Ellos venden una propiedad y hacen creer a la comunidad que lo están dando todo (Hch 5,1-2). Pedro los enfrenta (Hch 5,3) y estos caen muertos como consecuencia de su engaño.

Todos debemos tener cuidado y hacer caso de la Palabra de Dios que nos dice en 1 Pedro 5,8:

"Sean prudentes y manténganse despiertos, porque su enemigo el diablo, como un león rugiente, anda buscando a quien devorar."

5 formas comunes en que las personas atraen demonios

Antes me permito repetir que nuestro ser no está hecho para 'tener' demonios dentro. El lenguaje bíblico a veces confunde, pues las palabras originales no podemos sacarlas del contexto cultural en que fueron escritas y así poder ir al fondo de lo que el autor bíblico quiso decir. Palabras como: "entró el diablo" en una persona, no necesariamente quiere decir que se le metió dentro, como si tuviéramos un "compartimiento" para recibir espíritus malos.

Me gusta comparar esto con alguien que tenga distintos globos amarrados a distintas partes o áreas de su cuerpo. Alguien puede tener un globo en la cabeza (pensamiento) otra con un globo en las manos (acciones), etc... cada globo podemos compararlo con un espíritu maligno que se ha acomodado o adherido a la persona, pero no le pertenece a ella. Cuando cortamos el hilito, el globo se va.

Las 5 formas que compartiré a continuación son fruto de la experiencia, más que de un fundamento bíblico o teológico:

1. Dedicación a temprana edad:
(Algo así como lo contrario del Sacramento del Bautismo).
- Cultos satánicos
- Cultos a dioses o entidades paganas en templos o altares

- Herencia familiar por nacer en una familia de padres 'consagrados' a algo en contra de Dios y por ende los demonios se sienten con derecho legalista de continuar molestando a los descendientes.

2. En ocasiones las personas quedan 'con apertura' a lo demoníaco como resultado de abusos:
- Abusar de la libertad como hijas e hijos de Dios en cualquier área de la vida.
- Abusos de alcohol y/o drogas
- Personas víctimas de abusos sexuales
- Abusos contra la naturaleza y la moral (prácticas aberrantes de homosexualidad o lesbianismo, orgías, etc...)

3. Otras personas reciben 'ataques' o quedan 'endemoniadas' por:
- Llamar a sus vidas o hacer algún tipo de pacto verbal o interior por algún motivo a un ser contrario al Evangelio.
- Se auto-dedican a algún dios o entidad pagana.

4. Algunas otras personas son víctimas de ataques demoníacos por:
- Odio, ira o maldiciones hechas para dañar a una familia o persona.
- 'Conjuros' o 'trabajos' realizados por algún brujo o hechicera.
- Vudú o magia negra.

5. En ocasiones no hay una 'causa lógica' detrás de una manifestación o ataque por la cual un demonio o varios estén rondando como globos a una persona. A ellos les gusta molestar/atacar.

Casi siempre se puede encontrar que hay un patrón en el proceso o 'camino' de demonización:

Contacto --> 'Puerta de entrada' --> Acuerdo interior

1. Esferas de Contacto:
- Ojos, oídos, boca, nariz, tacto. (Ejemplos: Ungüentos prep-

arados por un brujo o bebidas, ver pornografía, escuchar un conjuro, tomar u oler un preparado mágico, tocar o portar un amuleto, etc...)

2. 'Puerta de entrada':
Ocurre cuando hay contacto prolongado o una decisión de apertura.

3. Acuerdo interior:
Cuando la persona le da 'luz verde' y acoge o acepta. Aquí ya hay una participación activa y consciente de la persona con la influencia del mal.

3 niveles comunes en personas endemoniadas

Es bueno aclarar que el enemigo vive atacando a los creyentes, principalmente con tentaciones y provocando desacuerdos o peleas, problematizando la vida en Dios que vivimos, intentado hacernos caer y desanimarnos. Generalmente de esto la mayoría de la gente sale victoriosa sin la ayuda de que alguien ore por ellos. Pero no siempre es así, otras veces las personas sufren mucho y son sufrimientos causados por demonios, son sufrimientos en distintos niveles.

La palabra de Dios no nos da una categorización clara sobre esto, pero en nuestra experiencia comunitaria hemos encontrado lo siguiente (Libro: Jesús está vivo por el P. Emiliano Tardif):

1- Opresión
Principalmente aunque no exclusivamente se manifiesta en el cuerpo de las personas a través de enfermedades indetectables por los médicos (Mujer encorvada Lc 13,10-13). También puede darse el caso de que la opresión ocurra sobre lugares u objetos.

2- Obsesión

Principalmente aunque no exclusivamente se manifiesta la obsesión demoníaca en la mentalidad de la persona. Escucha 'voces y/o insinuaciones' en su interior. (Mc 9, 17). El padre Emiliano decía que la obsesión es como una tentación, pero mucho más fuerte en intensidad y molestia.

3- Posesión
La posesión es la menos común y solamente la mencionaremos, pues para que una persona quede libre de este nivel de endemoniamiento, necesita recibir la oración de un obispo o de la persona delegada por el obispo. Es lo que se conoce en la Iglesia como un exorcismo formal o litúrgico. La posesión se da cuando alguien ha sido consagrado o a hecho un pacto voluntario con Satanás. Es una combinación de los niveles anteriores. Dependiendo del nivel del pacto hecho por la persona este proceso será prolongado o no. **Ningún laico ni sacerdote puede obtener el rito de exorcismo y usarlo como un beneficio al que sufre, es bueno recordar que el demonio es legalista y usará esto en contra del laico o sacerdote que lo haga sin la previa autorización del obispo.**

Testimonios de sanación de influencias demoníacas

Estuve en un Encuentro de la Renovación Carismática Católica en una ciudad de México (me reservo el nombre del lugar y de la persona para respetar su privacidad y dignidad). En una sesión de receso en el encuentro, uno de los líderes carismáticos locales me preguntó si podía orar por alguien que estaba pidiendo oración. Dije que sí y me trajeron a una mujer. Le pondré por nombre Nilsia (M: Miguel Horacio, N: Nilsia).

M: Hola ¿cómo tu te llamas? ¿Y cuál es tu enfermedad o condición?
N: Hola, mi nombre es Nilsia, mi edad es 67 años y tengo un

dolor de cabeza constante. Nunca se detiene.

M: ¿Has ido a un médico?

N: Sí, mucho. Pero nunca encuentran una razón para esto ...

M: ¿Desde cuándo tienes este dolor de cabeza?

N: ¡ufff! ... No recuerdo cuándo comenzó, tal vez desde que era una niña ... sí ... desde la infancia ... Ahora recuerdo que en algún momento me pregunté si todas las personas tenían dolor de cabeza como yo. Cuando crecí descubrí que era solo yo.

M: ¿Tienes dolor en este momento? Si es así en una escala del 1 al 10, ¿cuánto dolor tienes?

N: Sí, tengo dolor ... es constante ... y ahora tengo un 8 de dolor.

M: Ok. Oremos por la curación de tu dolor de cabeza. Quédate sentada, tranquila, relájate y oraré por ti. ¿Está bien si te toco?

N: Sí, está bien

[Toqué su hombro y oré]

M: Ven Espíritu Santo.

[Esperé por unos minutos, rezando en silencio en lenguas y recibí una palabra de conocimiento en forma de imagen en mi mente: vi a una niña solitaria llorando y le pregunté]

M: ¿Pasaste mucho tiempo sola cuando eras niña? (Por el momento no le dije aún la parte de que la niña estaba llorando; pero inmediatamente antes de responder, ella comenzó a llorar).

N: Sí, estuve mucho tiempo sola. Crecí con mis abuelos. Sin mamá y papá, trabajaban en otra región de México.

M: ¿Llorabas constantemente?

N: Sí (ella seguía llorando pero de manera tranquila).

M: ¡Ven Espíritu Santo! (dije suavemente)

N: Yo era la niña de los mandados del negocio casero de mis abuelos. Recuerdo que a veces tenía que caminar entre un pueblo y otro, y recuerdo el miedo y la angustia que sentía mientras caminaba sola.

M: Esto es tan bueno ... Es el Espíritu Santo que muestra lo que necesita ser sanado. ¿Cómo está tu dolor en este momento?

N: Tengo menos dolor ... ahora disminuyó a 6 o 5

M: ¡Gracias Jesús! ¡Estás aquí! Estás allí protegiendo a tu pequeña hija ... salvándola ... sanándola ... Miedo, vete en el nombre de

Jesús. En el nombre de Jesús desautorizo al miedo, le quito el permiso de tomar control sobre esta hija de Dios. (Ella seguía llorando muy bajito)

N: Recordé algo más ... a los 9 años perdí mi inocencia sexual con una chica mayor que yo ... ella me violó ... Mis abuelos nunca supieron sobre esto ... me dejaron sola mucho. (Ella seguía llorando).

M: ¿Recuerdas el nombre de esta chica? ¿La has perdonado por lo que te hizo?

N: Creo que sí ... No tengo odio por ella. Y sí, recuerdo su nombre. Su nombre era Eva.

M: De todos modos, es bueno perdonar o renovar ese perdón en el Nombre de Jesús ... Repite después de mí.

"En el nombre de Jesús, perdono a Eva por inducirme a la actividad sexual. La perdono y la bendigo en el nombre de Jesús. Recibo de Jesús ropa nueva y limpia. Pureza y amor."

[Esperé un minuto en silencio, orando en lenguas]

M: ¿Has perdonado a tus padres y abuelos por dejarte tan sola y sin protección?

N: No. Nunca he pensado en eso.

M: Repite después de mí.

N: En el Nombre de Jesús, perdono al abuelo y a la abuela por haberme dejado tan sola y desprotegida. Los perdono por todo el tiempo que estuve con miedo sin ellos. También perdono a mamá y papá por no haber estado conmigo cuando más los necesitaba. Los bendigo en el Nombre de Jesús.

M: ¿Cómo te sientes ahora?

N: Siento paz, pero el dolor se movió hacia el estómago.

M: ¿Este 'dolor' que se mueve te ocurre muy a menudo?

N: Ahora que lo mencionas solo cuando estoy en momentos fuertes de oración.

[En este momento percibí una palabra de conocimiento, una impresión en mi interior de "espíritu de dolor" y siento que el espíritu estaba perdiendo heridas dónde sostenerse, y estaba asustado y por eso se movía tratando de esconderse]

M: ¿Crees que esto podría ser un espíritu de dolor? ¿Me dejarías hacer una oración de liberación por ti?

N: Por favor hazlo. Y ahora que mencionas sobre los espíritus, recuerdo que una vez mi abuela se puso muy enferma y un médico brujo ó hechicero del pueblo vino a la casa para visitarla y yo estaba escondida escuchando. Él le dijo a ella que invocara un espíritu para curarse. Escuché el nombre del espíritu y en tiempos de dolor y miedo cuando niña yo también llamaba a este espíritu.

M: Ok ¿Alguna vez has renunciado a ese espíritu? ¿Alguna vez has hecho una declaración clara de que no quieres tener nada que ver con él otra vez?

N: Cuando comencé a venir a la Iglesia, dejé de llamarlo, pero no, nunca he hecho una renuncia formal.

[Hay que recordar lo legalistas que son los demonios, haberlos llamado o abierto una puerta hace años y dejar de llamarlos por mucho tiempo, no significa que se ha renunciado a su influencia o que se haya roto el contrato por ello. Si lo llamó con sus labios así también debe renunciar con su boca]

M: ¿Recuerdas el nombre del espíritu?

[El nombre estaba en un dialecto indígena de su región]

N: Sí

M: Menciona el nombre y verbaliza que en el Nombre de Jesús no quieres su ayuda. Di que no quieres tener nada que ver con eso y que renuncias a su influencia. Y pídele a Jesús que te llene con su Espíritu Santo.

[Ella oró y luego continué con una oración de liberación]

M: En el poder de la presencia de Jesús. Espíritu de dolor, deja de moverte y vete ahora en el Nombre de Jesús. Vete a los pies de Jesús.

[Ella jadeó y lloró un poco más mientras yo oraba tranquilamente en lenguas] En un minuto pregunté: ¿Nilsia? ¿Cómo te sientes ahora? (También percibí que la liberación fue más fluida porque la influencia del espíritu no era tan fuerte en ella ya que ella dejó de llamarlo hace mucho tiempo)

N: Me siento en paz y no tengo dolor.

M: ¡Alabado sea el Señor! ¡Gracias Jesús!

N: ¡Gracias Jesús! No siento dolor ... ¡Gracias Jesús!

M: Nilsia, este es un nuevo comienzo para ti. ¿No te parece?

N: Sí. Creo que sí.

M: El constante dolor de cabeza estaba relacionado con la falta de perdón y el espíritu al que llamaste cuando escuchaste al brujo hablando con tu abuela. ¿Puedo darte unas tareas para que hagas?

N: Sí

M: Tarea # 1. Siempre que recuerdes a alguna de las personas que perdonaste hoy, perdónalos de nuevo. Bendícelos en el Nombre de Jesús. Tarea # 2. Si sientes un dolor de cabeza similar al que tenías, di: "espíritu de dolor, déjame en el Nombre de Jesús". Al hacer esto, reconocerás la libertad que Jesús te da y ejercerás tu voluntad de perdonar siempre. Tarea # 3. Sigue viniendo a tu grupo de oración. Sigue creciendo en una fe enfocada en Jesús.

N: Bonita tarea. Lo haré. Gracias por orar conmigo. ¡Gloria a Dios!

El otro testimonio que te quiero compartir es de Alicia (no es su nombre real, pues quiero preservar su privacidad, pues aún no miramos con ojos de misericordia a quien ha sido atacado por demonios, con o sin culpa de esos ataques). Espero un día en la Iglesia podamos escuchar a las personas que fueron liberadas contar sus testimonios sin que les miremos con ojos de 'oh-oh ese es un ex-endemoniado'.

Estuve predicando en un Congreso Diocesano. Uno de los servidores se me acercó a preguntarme si podría orar por una pariente suya que estaba muy mal. Le pedí a la persona que me acompañaba en la predicación que estuviese conmigo en la entrevista (siempre realizamos una entrevista antes de orar por cualquier persona).

Nos presentaron a Alicia. Le pedimos que se sentara y que nos contara en qué podíamos ayudarle. Ella dijo que mientras escuchaba las prédicas se dio cuenta de que ella, a pesar de tener años yendo a la Iglesia, que ella no tenía fe en Dios. Nos decía que además ella estaba haciendo un curso en la parroquia, pero que nadie le había explicado cómo tener fe. Que ella quería que alguien le sacara de su confusión y le diera unos pasos concretos a seguir para adquirir fe.

Mi compañero y yo nos miramos, pues no teníamos, ni tenemos, esos pasos buscados por ella. Pero sí le dijimos que podíamos orar para que Dios le diera fe. Le preguntamos si había algo más por lo que podíamos orar. Ella nos dijo que sentí que su vida no tenía sentido, que no tenía pareja y que en su familia le decían que ella morirí sola, pues ella es muy complicada para encontrar pareja. Que se sentía incomprendida y bajo la mirada enjuiciadora de sus familiares.

Le dijimos que oraríamos por ella y que si nos permitía tocar su hombro para orar con ella. Ella accedió. Inmediatamente comenzamos a orar y me vino una imagen mental de: "Una niña sola en una terraza y que estaba esperando que la buscaran y la llamaran y la abrazaran pero se quedaba allí mismo dormida, sin que nadie se preocupara por ella." Le conté la imagen y le preguntó si esto tenía sentido para ella. Ella cuenta que cuando niña su madre trabajaba y la dejaba sola con su hermana mayor, pero que no la cuidaban bien y que ella creció necesitando el cariño de sus mayores. Comenzó a llorar con mucho sentimiento.

Mi compañero oraba para que el Amor de Dios sanara esas heridas abiertas por la falta de amor en la niñez de Alicia. Ella se calmó un poco y de repente (esto lo he visto en varios momentos de liberación) como que cambió de canal y se puso agresiva. Dice: "Es que no entiendo la fe…yo quiero entender..tengo mucha confusión…de qué me sirve el Amor de Dios si no entiendo nada…Dios ha permitido que me pase esto". Esto era un choque del Amoroso Poder de Dios con la influencia del mal en la vida de Alicia. Ella sin darse cuenta estaba rechazando lo que sería el inicio para descansar, reiniciar y en fin entender. Ella estaba rechazando el Amor de Dios.

La única entidad que ve el Amor de Dios o a Dios como a su enemigo es el diablo. Entonces, cuando alguien comienza a ver a Dios como a su contrario o como alguien que le quiere mal, esto indica influencia de algún espíritu malo. Cuando una persona está así, necesita liberación, pues si su voluntad sigue aceptando la mala influencia del mal, nunca aceptará la influencia del Amor de Dios, que en el fondo es lo que realmente le liberará y sanará de todo.

En ese momento el Señor me presentó la imagen de un joven vestido de negro, con las uñas pintadas de negro y hasta con los bordes de los ojos pintados de negro. Le pregunté a Alicia si esta imagen tenía algún sentido para ella y ella respondió que esa imagen describía a un ex-novio y agregó que era al que ella más había querido. Entonces le preguntamos ¿Por qué crees que el Señor nos presenta a ese ex-novio en este momento de oración? Ella respondió que ese ex-novio la influenció mucho. Aquí vino del Señor otra revelación o palabra de conocimiento, es lo que en mi comunidad reconocemos como el efecto 'Kleenex' de una palabra de conocimiento, luego surje otra.

Lo próximo que presentó el Señor fue 'algo que ella se colgaba en el cuello'. No veíamos lo que era exactamente y le preguntamos qué significaba eso para ella. Nos dijo que ella le había hecho un regalo a ese ex-novio, pero que al terminar la relación él se lo devolvió a ella y que ese regalo era un dije de un dragón. Ella en este momento nos contó que ese ex-novio estaba metido en cosas muy raras, además nos dijo que ella había ido a donde una persona aparentemente con ciertos 'conocimientos esotéricos' a que le ayudara a retener a este novio y lo que él le dijo fue que pusiera 'su alma en algo para regalárselo al novio' y ahí fue que ella compró aquel dije en forma de dragón, se lo llevó este 'maestro elevado' y le puso supuestamente su alma al dragón para luego regalárselo al novio. Le pregunté si todavía ella tenía este dragón y ella nos dijo que sí y que además a ella le gustaban mucho los dragones y tenía su habitación llena de figuras de dragones.

Con mucho cariño pero con firmeza le dijimos a Alicia que aquello que hizo fue un pecado contra la fe y que esa era la razón esencial por la cual ella tenía un bloqueo en su fe. Le preguntamos si ella se había arrepentido de eso que hizo de ponerle 'su alma al dragón'. Ella dijo que no, que no sabía que eso era algo malo. (Lo curioso es que es una persona que frecuenta la Iglesia). También le dijimos que en la Palabra de Dios en ocasiones al enemigo se le describe como a un dragón. Le motivamos a que luego de la oración, para que este proceso fuese efectivo, ella debía hacer una confesión de sus pecados y específicamente de este para que un sello sacramental terminara con ello. (Esto lo dejamos en manos de ella pero es bueno aclarar que si esto no se hace luego es posible que los demonios regresen, pues el agujero debe ser llenado con la Gracia de Dios).

En este momento le preguntamos a Alicia si ella estaba de acuerdo en que necesitaba deshacerse o tirar ese dragón, como signo de renuncia a aquel estilo de vida que adoptó mientras tuvo esa relación de noviazgo. Ella dijo que sí. Alicia, ¿estás arrepentida? ¿Estás consciente de el mal que esto trajo a tu vida? Ella con lágrimas en sus ojos dijo que sí. "Me arrepiento". Entonces ella comenzó a temblar. (Esto es característico de algunas influencias de espíritus malos cuando ya sienten que no van a lograr seguir dañando a la persona se comienzan a manifestar).

"Alicia cálmate" le decimos "Debes ejercer tu voluntad de ser libre de todo esto". Ella dijo que no sabía lo que le estaba pasando y que se sentía mareada. Nosotros, sin poner mucho caso a sus temblores, mas bien enfocándonos en su persona, le preguntamos: "Alicia ¿Crees que algún espíritu podría estarte molestando? ¿Nos permitirías hacer una oración de liberación por ti?" Ella dijo: "Sí, por favor, háganla". (Nosotros en mi comunidad nunca oramos por liberación por nadie que no esté de acuerdo con ser libre de alguna influencia maligna). Oramos y cortamos con la influencia recibida de aquel ex-novio y de la práctica al rededor del dragón. Le invitamos a Alicia en ese momento a poner su alma en Jesús (contrario a cuando puso su alma en el dragón) y que lo dijera en voz alta. Alicia hizo una preciosísima oración. He notado que cuando las personas oran después de una liberación el Espíritu Santo se derrama poderosamente sobre todos los que estamos presentes.

Al terminar le recordamos a Alicia que para que la liberación fuera completa le faltaba ir al Sacramento de la Reconciliación y formalmente confesar su pecado contra la fe. Sacar de su vida todo objeto que la uniera a aquel estilo/relación, en este caso todos los dragones en su habitación y además mantenerse protegida en comunidad de amor y unida a Dios, pues el enemigo siempre andará como león hambriento buscando por donde morder.

Cómo sanar de influencias demoníacas

Tal vez leyendo lo anterior sospechas tener un problema demoníaco. Si no es así, lee esto solo para aprender y re-afirmar tu libertad. En caso de que creas necesitar liberación el P. Michael Scanlan y el P. Emiliano Tardif hablaron de la auto-liberación. En ocasiones no hace falta una sesión especial donde otros oren por ti. Pero no desestimes que quizás necesites ayuda de otros que puedan orar por ti. (Ojo: Si vas a buscar quien ore por ti en este aspecto no vayas donde cualquiera, busca personas que ejerzan este ministerio sanamente).

Sigue estos pasos de auto-liberación o liberación privada/personal:

a) Afirma tu fe en el Señorío de Jesús: Entrega todo aspecto de tu vida a Jesús. Trata de ser específico mencionando las áreas en las cuales sientas que más te atacan los demonios.

b) Humíllate ante Dios: El orgullo o la justificación de nuestras faltas son un obstáculo a la libertad. (1 Pedro 5, 5-6). Dios defiende, salva y da libertad con Su Mano poderosa a quien se humilla y pide perdón por sus faltas.(Santiago 4, 6-7). Recuerda que todos los que Jesús liberó en el Evangelio, en un momento humildemente rogaron a Jesús por su libertad. La humildad libera.

c) Confiesa tu pecado: Y más si entiendes que ese pecado específico es un acuerdo interior que atrae al espíritu malo a influenciarte o atacarte. Verbaliza, dilo con tus labios, pide perdón y renuncia a repetirlo. (1 Juan 1,9; Proverbios 28,13). No hacerlo es como un 'permiso legal' para que los demonios sigan atacándote. (Luego ve a sacramentalizar esta confesión a un sacerdote. A veces ni hace falta que le digas que estás bajo un proceso de liberación. Dios lo hará de todos modos). Recibe perdón y perdona. No te quedes con nada malo. Sé libre.

d) Toma autoridad en el Nombre de Jesús: La liberación no es por nuestros méritos, es posible gracias a Jesús. En su Nombre ordénale al espíritu que sientes que te está influenciando que se vaya. Puedes hacer una sencilla oración como: "En el Nombre de Jesús, por el Poder de Su sangre derramada en la cruz, te ordeno espíritu (de miedo, odio, brujería, etc..) que te vayas de mi vida y te vayas a los pies de Jesús, el Señor. No regreses más. Amén"

e) Cierra puertas: Destruye todo objeto físico asociado con la esfera de pecado que pueda atraer demonios a tu vida, sobre todo si tiene que ver con brujería o alguna ciencia oculta. Rededica tu cuerpo, tu alma, tu habitación, tu casa y todo lo tuyo a Jesús. Pídele al Espíritu Santo que te llene y te haga Su Templo.

f) Aunque te asusten, no tengas miedo: No es lo mismo asustarse que cultivar miedos. El miedo es contrario a la fe. Miedo es creer que el malo tiene mayor poder que nuestro Buen Dios. Los demonios intentaran tocar las puertas cerradas. Querrán volver. Jesús nos advirtió sobre esto (Mateo 12, 43-45).

g) Ocúpate: No basta con limpiar la casa (pedir perdón y perdonar, destruir lo malo). Ni basta con cerrar las puertas. Hay que llenar los espacios vacíos. Si la casa, es decir tu vida, se mantiene sin ocupación es una invitación a sus ataques. Cómo "ocupar la casa":

1) Busca sanación interior de tus emociones

2) Renueva tu mentalidad (Patrones de pensamiento) con la Palabra de Dios.

3) Cultiva una íntima, personal y agradecida relación con Dios.

4) Intégrate a una comunidad de Amor en el Espíritu Santo que te ayude a no volver atrás.

5) Diariamente ponte 'la armadura de Dios' (lee Efesios 6, 13-18).

Citas bíblicas para meditar y orar:

"Para ser libres nos libertó Cristo" (Gálatas 5,1)

"Yo les he dado poder a ustedes para caminar sobre serpientes y alacranes, y para vencer toda la fuerza del enemigo, sin sufrir ningún daño." (Lc 10,19)

"Humíllense, pues, bajo la poderosa mano de Dios, para que Él los enaltezca a su debido tiempo. Dejen todas sus preocupaciones a Dios, porque Él se interesa por ustedes.
Sean prudentes y manténganse despiertos, porque su enemigo el diablo, como un león rugiente, anda buscando a quien devorar. Resístanle, firmes en la fe..." (1 Pedro 5, 6-9a)

"Y estas señales acompañarán a los que creen: en mi nombre expulsarán demonios; hablarán nuevas lenguas; tomarán en las manos serpientes; y si beben algo venenoso, no les hará daño; además pondrán las manos sobre los enfermos, y estos sanarán". (Marcos 16,17-18)

Oración:

Padre, te doy gracias por enviar a Jesús a esta tierra. Gracias por regalarme a alguien con el Poder para salvarme y liberarme de todo mal.

Jesús, acepto tu Sangre derramada en la cruz sobre mí. Tu Sangre derramada me limpia de pecado y rompe toda cadena demoníaca. Tú tienes todo Poder en el Cielo y en la tierra.

Espíritu Santo, como agua pura, me lavas por dentro. Me envuelves completamente y me sanas para siempre. Ven y lava todas las partes de mi cuerpo que en algún momento fueron 'instrumentos del mal'; que ahora por tu Gracia sean 'instrumentos de santidad'. Lava mis sentimientos y pensamientos. Reprográmame y permíteme escuchar tu Voz.

Señor Jesús, sáname de las heridas y enfermedades causadas por los espíritus malos. Sáname de los rencores hacia personas que me incitaron o me engañaron con brujería o algo contrario a Tu Evangelio. Ayúdame a perdonar y a cerrar puertas. Sáname para que mis errores no sean una excusa para yo seguir escalvizado.

Jesús, en Tu Nombre y por Tu poder, rompo con cualquier atadura con objetos, ideologías o personas que me hayan influenciado a pensar, sentir y/o practicar algo que me separara de ti. En tu Poder, Jesús, soy libre para vivir en Ti. ¡Amén!

Preguntas para reflexión Individual o en grupo:

1. Según lo leído en este capítulo ¿Qué entiendes por sanación de influencias demoníacas y cómo se sana?

2. ¿Cuáles son las 5 formas más comunes que hacen que las personas atraigan demonios?

3. ¿Cuál es el patrón/camino en el proceso de demonización?

4. ¿Cuáles son los tres niveles más comunes en personas endemoniadas?

CAPÍTULO 6
SANACIÓN FÍSICA

Ejemplos en la Biblia

Sanación del leproso que vino a Jesús (Marcos 1, 40-45)

Confieso que esta es una de mis sanaciones favoritas entre todas las relatadas en el Nuevo Testamento. Ella contiene tanto el corazón de Dios para todo el que sufre. En tiempos de Jesús la lepra era incurable. Era un gran problema contagioso. Tan tomado en cuenta que en el Antiguo Testamento, en la ley se ponía bien claro qué hacer si alguien enfermaba de esto o de cualquier otra enfermedad que se mostrara en la piel. (Levítico 13 y 14). Lucas, médico de aquel entonces dice que este hombre estaba 'cubierto de lepra' (Lucas 5,12). La lepra crea unos nódulos debajo de la piel. Estos nódulos cuando crecen dañan los nervios y van creando malformaciones en distintas partes del cuerpo. Estas malformaciones van pudirendo asquerosamente la piel de quien sufre de lepra. La lepra es una muerte lenta. Un historiador judío decía: "los leprosos eran tratados como gente muerta". La ley judía tenía leyes hacia ellos muy parecidas a las leyes para el contacto con muertos. Por ello la ley prohibía su cercanía, vivían en las afueras de las ciudades y pueblos. Tenían que gritar: "Impuro...Impuro" (Lev 13,45). El castigo era de 40 latigazos, si uno de estos leprosos se acercaba y rompía la ley.

Tocar un leproso acarreaba toda una ceremonia. Tocar un leproso se le veía en aquel entonces cargado con una serie de consecuencias espirituales y sociales. La lepra estaba destruyendo la vida de este ser humano. La lepra no solo lo estaba destruyendo físicamente sino también espiritualmente, mentalmente, emocionalmente y socialmente. "Cuando vió a Jesús" (Lc 5,12) se acercó. Esto muestra no solo su desesperación sino también su fe. Se arrodilló y rogó ser sanado. Rompió todas las leyes religiosas y todas las normas sociales del momento. ¿Cómo se atrevía a acercarse a Jesús? De seguro había escuchado de la misericordia radical y el Poder sanador que fluía de Jesús. Valía la pena arriesgarse. La fe viene de escuchar (Rom 10,17) escuchó hablar de Jesús, lo vió, se acercó y Jesús siempre responde a la fe.

"Si quieres, puedes limpiarme de mi enfermedad" (v.40) Esta breve oración describe el tipo de fe que tenía este hombre. Él confía en el poder de Jesús para curarlo aunque no estaba muy seguro de que Jesús tuviera la voluntad o la intención de curarlo. Esto lo piensa mucha gente. "Dios tiene todo el poder pero ¿me sanará a mi? ¿Quiere sanarme o que yo siga enfermo?" Esta oración recoge el sentir de mucha gente. Una fe con un condicionante: "Señor, si tu quieres". "Señor, si tu crees que lo merezco". "Señor, si tu consideras que ayuno y oro lo suficiente". Muchas personas consideran que este condicional en la oración es una fe superior. "¿Me sanarás de mi enfermedad?" No podemos negociar con Dios. Comprar esto. Debemos creer tanto en Su Poder para sanar como en Su querer sanar. Su voluntad es sanar. Esto no se gana, se recibe como un regalo de Su amor y Su misericordia.

"Jesús tuvo compasión de él; lo tocó con la mano" (v.41) Jesús no se puso a discutir si quería o no sanarlo. Jesús estaba lleno de compasión por el enfermo de lepra. La misma compasión que tiene por todo aquel que sufre de alguna enfermedad. En el fondo Jesús tenía una mezcla interior de compasión por el enfermo y rechazo por el mal (diablo) causado por la enfermedad. Jesús no veía ningún bien en el daño sufrido por el enfermo y esto lo movía a actuar. Jesús hizo lo impensable. Tocó a un intocable.

"Y dijo: Quiero. ¡Queda limpio!" (v.41) El gesto de tocar ya muestra Su voluntad de sanar, pero también Jesús verbaliza, dice con Sus palabras lo que quiere. Aclara en Su Palabra Su voluntad de sanar. Jesús está representando a Su Padre. Dios sí quiere sanar siempre. Esta es Su esencia. Es Su naturaleza. Aunque esto sea muy distinto a la creencia popular, es lo que Jesús hizo y dijo.

"Al momento se le quitó la lepra al enfermo, y quedó limpio." (v.42) Algunos dirán: "¿Y así de fácil?" En un sentido sí. La sanación física muchas veces ocurre en un momento de oración y ya la persona se va sanada. Otras veces la sanación viene envuelta en un proceso. Hay sanaciones que van progresando poco a poco. Sumergirse en la Presencia de Jesús repetidas veces ayuda mucho.

Jesús despidió a este hombre con una advertencia: "Mira, no se lo digas a nadie; solamente ve y preséntate al sacerdote, y lleva, por tu purificación, la ofrenda que ordenó Moisés, para que conste ante los sacerdotes." (V.44) Esto muestra que Jesús honraba la Ley de los judíos aunque la ley del amor es siempre superior a cualquier norma religiosa o social. También muestra que Jesús no le teme a una verificación oficial de la sanación milagrosa. En aquel entonces los sacerdotes estaban entrenados para verificar la sanación de la lepra. Hoy día es importante verificar médicamente lo que Jesús sigue haciendo. Aunque en ocasiones es notable la sanación antes que el médico pueda verificarlo.

"Pero el hombre se fue y comenzó a contar a todos lo que había pasado. Por eso Jesús ya no podía entrar abiertamente en ningún pueblo, sino que se quedaba fuera, en lugares donde no había gente; pero de todas partes acudían a verlo." (v.45) Es importante este versículo pues muestra el alcance evangelizador que tiene la sanación de una sola persona. Su testimonio inyectaba fe en los demás. La gente se acercaba a Jesús así como el exleproso un día se acercó a Jesús.

Sanación de un paralítico de nacimiento (Hechos 3)

Pedro y Juan iban a unirse a los demás judios en el Templo de Jeruslalén a la oración de las 3 de la tarde. Junto a una de las puertas del Templo había un paralítico de nacimiento. Lucas, el médico, escritor de los Hechos de los Apóstoles nos aclara esto. No fue que este se accidentó o se enfermó de algo o se desgastaron sus huesos. Este nació así. Que naciera así no quiere decir que Dios quería que naciera así. Dios no lo pensó así. Dios no diseña a nadie enfermo. No es Su naturaleza. Algo pasó en su formación fetal para que naciera así.

Dice en Hechos 3 que lo llevaban a la puerta del templo con el nombre de la Puerta Hermosa. Según lo escrito lo llevaban y lo ponían allí todos los días. Era normal entrar al templo y verlo ahí. Lo normal para todos los sacerdotes y judíos era que él estuviera paralítico. Este hombre pedía limosnas.

El otro día, me entró, creo yo, una luz por mi calva. Jesús lo había visto allí. De seguro que Jesús había pasado por esa puerta y a este paralítico lo llevaban y lo ponían ahí todos los días. ¿Por qué Jesús no lo curó entonces? ¿No decíamos anteriormente que Jesús no sólo vino a sanar sino que quería sanar siempre? Yo no me atrevo a decir que Jesús sanó a todos los enfermos de su época, pero sí me atrevo asegurar que los Evangelios muestran que todo aquel enfermo que se acercó con fe a Jesús fue sanado. Además Jesús nos vino a dar ejemplo de cómo ser ministros de sanación. Yo personalmente he visto cómo el Señor me usa como ministro de sanación para muchos pero no para todos. En este caso Jesús usó como ministros de sanación a Pedro y a Juan. Muchas personas a veces dicen: "Yo fui a que fulano de tal orara por mí y no me sanó el Señor". Puede ser que ese fulano no sea el canal óptimo para tu sanación, quizás el Señor Jesús quiere y va a usar a otro 'Pedro' o a otro 'Juan' para sanarte.

También esto anterior nos muestra cómo la sanación física es un misterio. En el misterio de la sanación del Reino de Dios hay un tiempo determinado por Dios, un momento, un lugar, una elección de Dios. Este hombre estaba ahí todos los días junto a la puerta. Pero este era su día. Su momento. Dios iba a usar a dos fulanos que entraban. Dos pobres fulanos que ni monedas tenían para darle. Él les pidió limosna pues era lo que sabía pedir. Tenía toda su vida pidiendo limosna. No sabía que había más para él.

"Ellos lo miraron fijamente, y Pedro le dijo:
—Míranos.
El hombre puso atención, creyendo que le iban a dar algo. Pero Pedro le dijo:
—No tengo plata ni oro, pero lo que tengo te doy: en el nombre de Jesucristo de Nazaret, levántate y anda" (v.4-6)

Pedro le da una orden de fe. Una orden de fe no es una orden a Dios. Es una orden en el Poder y la Autoridad de Dios. Es en representación suya. Jesús oraba así. Ellos aprendieron viendo a Jesús dar órdenes a oídos sordos para que se abrieran, a fiebres, a espíritus, a paralíticos y hasta a tormentas. La fe es un riesgo. Pedro no dijo esto como quien dice una fórmula mágica. Lo dijo en fe, confiando en el respaldo de Dios y en el Poder del Espíritu Santo.

"Dicho esto, Pedro lo tomó por la mano derecha y lo levantó, y en el acto cobraron fuerzas sus pies y sus tobillos. El paralítico se puso en pie de un salto y comenzó a andar; luego entró con ellos en el templo, por su propio pie, brincando y alabando a Dios. Todos los que lo vieron andar y alabar a Dios, se llenaron de asombro y de temor por lo que le había pasado, ya que conocían al hombre y sabían que era el mismo que se sentaba a pedir limosna en el templo, en la puerta llamada la Hermosa." (v.7-10)

Dicho y hecho. Hay algo que se desata en las órdenes de fe. Yo también he visto esto suceder al dar órdenes de fe. Nos dice allí que Pedro tomó el riesgo de ayudarlo a levantarse. Yo también he sentido tomar la mano de personas paralíticas y ayudarles a levantarse. Ver el asombro en sus rostros al notar que sus tobillos, pies y piernas recobran la capacidad de sostenerles de pie y comienzan a caminar.

Pedro aprovecha la ocasión para evangelizar. La sanación y la evangelización son dos caras de la misma moneda. He escuchado personas decir que no es bueno orar por sanación sin antes evangelizar, pues este episodio echa al suelo eso pues aquí primero hubo sanación y después vino la evangelización. La sanación y la evangelización no pelean entre ellas. Son lo mismo. La sanación evangeliza. Hay un efecto dominó cuando alguien sana. Muchas malas creencias caen al suelo. La sanación física abre el camino a la intimidad con Dios. Por esto él ahora pudo entrar al Templo a alabarlo y antes solo pensaba en limosnas.

La sanación con la que comenzamos este capítulo nos muestra que cuando el leproso contó su testimonio, la fama de Jesús se amplió. La fe de la gente se incrementó. En este relato de sanación vemos otro efecto. En el capítulo 4 de Hechos vemos a Pedro y Juan frente a las autoridades del Templo. Los sacerdotes, fariseos y demás judíos no aceptaban este mensaje poderoso y sanador. Lo normal para ellos era seguir viendo siempre el sufrimiento de este tirado a la puerta pidiendo limosnas. No te sorprendas que hoy ocurra lo mismo. Muchos se oponen a esta dimensión del Evangelio y esto produce muchas veces una división que erosiona la libertad del Espíritu para seguir sanando a través de cualquier 'Pedro y Juan'. Hay curaciones que no van a ser aceptadas aunque sean obvias. Pero solo los que están dispuestos a ser azotados, burlados, acusados verán más del poder de Dios como lo vieron aquel día Pedro y Juan.

Sanando toda enfermedad y a todos los enfermos

"Jesús recorría toda Galilea, enseñando en la sinagoga de cada lugar. Anunciaba la buena noticia del reino y **curaba a la gente de todas sus enfermedades y dolencias**. Se hablaba de Jesús en toda la región de Siria, y **le traían a cuantos sufrían de diferentes males, enfermedades y dolores, y a los endemoniados, a los epilépticos y a los paralíticos. Y Jesús los sanaba.**" (Mateo 4, 23-24)

Mateo describe el ministerio de Jesús maravillosamente. En muchas ocasiones se atreve a escribir que Jesús sanó "toda" enfermedad y que sanó a "todos" los enfermos. Puedes hacer un estudio bíblico de estas citas del Evangelio según S. Mateo (8,16; 9,35; 10,1; 12,15; 14,35-36; 15,30). ¿Por qué este énfasis en la sanación? La sanación de enfermedades y dolores físicos muestra el interés de Dios por el bienestar físico del ser humano. Esto es innegable en el Ministerio de Jesús antes y ahora para Su Iglesia. Lo hizo y lo quiere seguir haciendo. Nos dio la autoridad, es decir el permiso: "para curar toda clase de enfermedades y dolencias". (Mt 10,1)

Las enfermedades del cuerpo son causadas por distintos factores. (Materiales, órganicos, desórdenes, disfunciones). La sanación física tiene que ver con la restauración de la condición física alterada por la enfermedad. En una sanación el cuerpo retorna a la originalidad pensada por Dios al diseñarnos. Como ya hemos visto en otros capítulos de este libro hay daños físicos que pueden tener raíz en el espíritu, en las emociones, o en el ambiente en se que vive o daños en el cuerpo causados por demonios. Los síntomas en el cuerpo pueden parecerse pero la causa puede ser muy distinta. Si no se enfrenta la causa esto puede ser un obstáculo para sanar totalmente. Esta es la causa más común por lo la cual algunas personas dicen que "perdieron su sanación". Cuando los síntomas físicos le regresan después de haber exprerimentado en su cuerpo alguna sanación, generalmente es porque no se ha resuelto la causa raíz.

De todas la sanaciones, la sanación física es la más simple y clara, pero al mismo tiempo puede ser la más retadora para creer. Es más fácil tratar con lo que no se ve, que con lo que sí se ve. Por eso abundan las personas que oran por sanación interior y escasean los que se atrevan a orar por sanación física. Cuando alguien sana interiormente no se nota hasta un tiempo después, cuando vemos un cambio en la conducta o actitud. En Marcos 2,9 Jesús preguntó: "¿Qué es más fácil, decirle al paralítico: "Tus pecados quedan perdonados", o decirle: "Levántate, toma tu camilla y anda"?" Nadie puede ver visiblemente el perdón de los pecados, pero todos pueden ver si se pone de pie y camina. Si no camina entonces la credibilidad del ministro de sanación es cuestionable (Jn 10, 37-38).

La sanación física es verificable y tangible. La gente nota cuándo y cómo recibió sanación. Esto no significa que todas las sanaciones físicas ocurran inmediatamente. Muchas sanaciones son un proceso progresivo; los tejidos, los líquidos del cuerpo, los músculos se van restaurando hasta su totalidad. En ocasiones inicia en un evento de evangelización o reunión de oración y se completa sin necesidad de repetir la oración por el enfermo. En otras ocasiones hay que orar más de una vez y cada momento de oración es como un avance en el proceso de sanación. Generalmente cuando hay una raíz causando el dolor o mal en el cuerpo, es necesario un proceso en el cual más de una sesión de oración ayudará a la sanación total.

La sanación física muestra el Poder de Dios. No hay nada más evangelizador que una sanación milagrosa. Como decía anteriormente, la sanación y la evangelización van de la mano. Es el método de Jesús. Muchos esfuerzos de evangelización en la Iglesia quedan sin efecto por la falta de fe en el Poder Sanador del Espíritu Santo. Muchas sanaciones de enfermedades crónicas en el Evangelio fueron en un contexto de evangelización. Cuando hablo de enfermedades crónicas hablo de enfermedades o dolencias de largos años, dolores o padecimientos o una serie de enfermedades juntas, no son simples dolores de uña. Encontramos en el Nuevo Testamento 26 enfermedades crónicas. También quiero aclarar que cuando hablo de que ocurrieron en un contexto de evangelización, lo que quiero decir es que ocurrieron al rededor de un momento en el cual Jesús o algún discípulo estuvo hablando, predicando a la gente sobre la realidad del Reino de Dios aquí.

- 17 de estas sanaciones se produjeron en un ambiente de evangelización (Mateo 4,24; 8,16;9,2-8; 9,32-33; Marcos 1,23-28; 9,14-27; 10,46-52; Lucas 8,42-48; 13,10-13,16; 14,1-4;17,11-19 Juan 4,28-30; 5,1-9, 14; 9,1-7; Hechos 3,1-10; 8,5-8; 14,8-10).

- 16 de estas sanaciones dieron como resultado una oportunidad o puerta abierta para evangelizar (Mateo 9,2-8; 9,32-33; 12,9-13; Marcos 1,23-28; 5,1-13, 18-20; 7,32-37; 9,14-27; Lucas 5,12-14; 13,10-13,16; 17,11-19; Juan 4,28-30; 9,1-7; Hechos 3,1-8; 8, 5-8; 9, 32-35; 14, 8-10).

- En 21 de 26 sanaciones hubo un ambiente o resultado de evangelización

Con el breve estudio anterior podemos concluir que a Dios le gusta sanar enfermedades crónicas o casos difíciles durante momentos de evangelización (lo que hoy serían retiros, encuentros, conferencias o congresos). Estas sanaciones no solo confirman la predicación del Evangelio del Reino de Dios sino que demuestran Su Amor que sana y rescata al que sufre.

Un Dios maravilloso siempre hace maravillas. En una ocasión estuve en la región de Chiapas, específicamente en Tapachula

159

y en Tuxla. Podría aquí contarte todo lo que vi al Señor hacer mientras estuve por allá pero quiero hacer algo diferente y compartir lo que me escribieron algunos de los que fueron sanados. Te compartiré brevemente 5 testimonios que apoyan lo que te escribía de que en momentos de evangelización Dios sana problemas graves.

1er testimonio: ¡La infección de Maryam desapareció!

Decidimos salir de casa e ir al congreso. Llegando al congreso tomamos asiento y de repente dice Miguel Horacio: "Hermanos pónganse de pie los que tienen alguna infección" y en ese momento Mau abrazó a Maryam y la levantó y empezamos todos a orar, ordenando a la infección que salieran en el nombre del Señor Jesús. Después siguió con el tema. Luego, en la hora Santa, el otro hermano dijo: "siento que el Señor está sanando de una infección y que a la persona que está sanando empezó a sudar y a sudar y por medio de ese sudor salió toda infección". Hermanos, para la gloria de Dios, por la mañana antes de irnos al congreso, estando en casa con mi familia, Maryam empezó a sudar mucho. Y pues ¿qué les digo? En ese momento sabía, que era Maryam. Y lloré de alegría y alabamos al Señor con más intensidad.

2do testimonio: Sanación del cuello y llamado a ser canal de Amor

La verdad nosotros no pudimos ir al congreso porque pues tuve que trabajar y solo pudimos ir el sábado en la noche... Y en mi experiencia personal, sentí que Dios tocó poco a poco los nervios de mi cuello, y el dolor desde ese día hasta hoy ha disminuido, y algo que sentí fue un llamamiento fuerte a confiar en el Señor Jesús y ha dejarme utilizar para que pueda ser medio de sanación, y hasta hoy siento ese ardor inexplicable de ese llamamiento.

3er testimonio: ¡Activa tu fe!

Desde el jueves pasado en la hora Santa Parroquial, el Señor ha pedido mayor docilidad y confianza en Él. De momento me sentí con mayor paz, sin embargo, desde hace años he tenido mala calidad de sueño, y muchos dolores de cabeza, cuello, espalda alta, he recurrido a tomar analgésicos a veces suaves y otras un poco más potentes, para poder descansar del dolor y así dormir. Hace un par de meses se agudizaron mis dolores y mal sueño por mis preocupaciones laborales, los sinsabores de la convivencia con algunos hermanos, familia, etc., al grado de no dormir, o quizá 1 o 2 horas como máximo. Cuando llegaba a conciliar el sueño, malos pensamientos, angustias y temores me hacían perder la tranquilidad y por ende el sueño, orar con mamita María haciendo el Santo Rosario fue la Solución y el sábado en la noche el Señor me permitió escuchar de Miguel Horacio 2 cosas:

1.- Cuando algún hermano cerca de ti es sanado, es tiempo de que actives tu fe.

2.- "El Señor estaba obrando en una persona que tenía pesadillas y no podía dormir y recurría a medicamentos o iniciaría con medicamentos para descansar". Desde hace meses, estuve tentando a tomar nalbufina (medicamento de acción central para sedar).

Gracias a la Misericordia de nuestro Señor Jesús me he sentido mucho más descansado, aliviado de mis desvelos, con mayor ánimo para trabajar. Saben, ni siquiera tuve presente que me sanara de esta dolencia en particular, solo me ocupé de alabarlo, de glorificarle, de reconocerle. Solo le dije en tus manos estoy y conmigo mis familias (Ziga Portillo, Ziga Magaña, Misioneros) y le di gracias por lo que ha hecho, lo que hace y lo que hará. ¡¡¡Gloria a Dios por su amor y misericordia!!!

4to testimonio: El Señor sana a la familia.

Soy el hermano Leo y esta vez dije: "Voy a vivir el congreso por tantos problemas que como familia hemos pasado". Hace algunos meses que teníamos problemas con mi hija, cosas muy fuertes. Entonces me dije: "Voy a vivir mi congreso y así fue. En un momento de la oración cuando Miguel Horacio decía en palabra de conocimiento: "Aquí hay alguien con problemas familiares muy fuertes" y yo dije: "Señor, a mí me estás hablando", pero también Miguel Horacio decía: "como pasen los días tus problemas tendrán solución", y el Señor me está regalando lo que siempre quiero, ver mi familia unida, después de mucho tiempo. ¡Gracias Dios por tanto amor y gracias por tan hermoso evento.

5to testimonio: Recibe sanación al orar por un niño.

Quiero compartir con ustedes, que Dios es tan bueno y misericordioso. Yo estaba sufriendo de mucho dolor en mis senos, y parte de la axila. Estaba triste y preocupada. Ya era una molestia de todo el día y la noche. Pero el día del congreso quería vivirlo todo completo, pero eso no era posible y en la hora santa del sábado, pensé pedir por mí; pero justo pasó a mi lado un niño bien mal y me dolió verlo así, que le dije al Señor Jesús: "Tú sabes que me duelen mis senos, pero no te pediré por mí, sino por este niño que está enfermo, sánalo". Y toda mi oración fue por ese niño. Hoy hace 8 días que no tengo dolor alguno. Estoy sorprendida y feliz de la obra de Dios en mí. ¡Jesús me sanó! Y en las palabras de conocimiento dijeron que una mujer estaba siendo sanada de la axila izquierda y esa parte me dolía. ¡¡¡GLORIA A DIOS!!!! Atentamente, Mily Morales.

El enfoque bíblico de la sanación física no está en los síntomas ni en las causas de las enfermedades, el enfoque está en el Poder de Dios para sanar. Cuando hablamos de síntomas, ya hablamos en términos médicos. Muchas pueden ser las causas de enfermedades y dolencias con síntomas múltiples, pero la mayoría vienen por:

- incorrecto estilo de vida

- malformación o mala función de algún órgano del cuerpo

- mala respuesta al stress

- accidente o trauma

- deterioro o desgaste físico

- gérmenes, bacterias o virus

La sanación física se produce, instantáneamente o en proceso, cuando "choca" el Poder del Espíritu Santo con el desorden material o físico de nuestro cuerpo. Podemos definir la sanación física como una intervención directa del Espíritu Santo venciendo el mal instaurado en el cuerpo y restableciendo el orden de Dios en el físico de la persona. Shalom para el cuerpo. La sanación física es un adelanto de la resurrección prometida por Dios. "Y si el Espíritu de aquel que resucitó a Jesús vive en ustedes, el mismo que resucitó a Cristo dará nueva vida a sus cuerpos mortales por medio del Espíritu de Dios que vive en ustedes" (Rom 8,11). Es esta mezcla, choque, intervención del Espíritu de Dios con nuestra materia que produce la sanación física. Es por ello que en ocasiones se siente en el cuerpo una sensación física cuando la persona está recibiendo sanación (calor, vibración, sudor, etc) Aunque es un error quedarse en estas sensaciones pues muchas veces Dios sana aunque no se sienta nada.

En fin, la sanación física es un evento del Reino de Dios. La futura resurrección irrumpe en nuestro presente. Ataca el plan satánico de matar a través de enfermedades y dolencias. Es un signo de que Jesús derrotó al diablo no solo espiritualmente, lo derrotó físicamente también, con su muerte y resurrección. La sanación física sobre todo muestra la naturaleza de Dios: a Dios le fascina ver a Sus hijos bien, sanos, contentos. Al Señor nuestro Dios le gusta sanar. Para esto vino Jesús a revelarnos a Su Padre, nuestro Padre, abundante en vida. La naturaleza y acción del diablo es contraria a esto (Jn 10,10). El enemigo quiere robar, destruir y matar.

Miguel Horacio

¿Por qué algunas personas no sanan?

Como decía anteriormente al inicio de este capítulo, una de las razones principales por la cual algunas personas no sanan o les regresa el dolor o enfermedad es porque es una ramificación de una causa raíz que aún no se ha sanado. Esto tiene que desenterrarse, descubrirse y tratarse. Muchas preguntas y dudas salen a flote cuando le pedimos a Jesús sanación y vemos que esto no ocurre. Por esto es bueno iniciar un proceso de sanación en el cual vamos en Presencia de Jesús descubriendo que hay en el fondo de este dolor o enfermedad. Hay que animar la fe del enfermo invitándole a recibir más de una sesión de oración por su sanación física.

La sanación física también es un terreno de guerra en el cual Satanás clavó sus garras. Jesús ya lo venció pero aún las enfermedades no han sido desvanecidas totalmente de esta tierra. Esto no lo podemos controlar. Es un misterio. Si alguien no es sanado aun habiendo orado a Jesús, el culpable es el diablo. Dios no es el culpable; Jn 10,10 esclarece que Jesús da vida y que el enemigo quiere destruir, robar y matar. El enemigo nos quiere amargar y desanimar nuestra fe cuando no vemos la sanación que pedimos. Pero si damos cabida el desánimo y a la amargura entonces bloqueamos nuestra confianza en Dios y nos alejamos más de nuestra sanación. Cuando cuestionamos a Dios y nos enfurecemos contra Él nos estamos asociando más con el enemigo de Dios que con el Espíritu de Dios. El único que ve a Dios en su contra es el diablo y quiere que nosotros veamos a Dios con su óptica.

De todos modos, cuando algún ser querido no es sanado o no somos sanados nosotros mismos, nos preguntamos: "Si Dios tiene el poder para sanarme y es su voluntad sanar ¿Por qué entonces no me sana?" Sinceramente no tengo una respuesta a esto. Es muy buena pregunta para hacerle personalmente.

Pregúntale. Muchas cosas Jesús no las explicaba hasta que los discípulos se acercaran en intimidad y en intimidad Jesús hablaba cara a cara con ellos. En ocasiones estaremos tan fascinados de Su mirada de amor que nos bastará Su Presencia y no la respuesta. El rendirnos ante Dios y confiarnos a Él, indepedientemente de que seamos sanados o no, es adorar en espíritu y verdad. Adorarlo por lo que Él es y no por lo que nos da.

Hay personas que no culpan a Dios por no sanar, entonces se culpan a sí mismos. "No soy digno de ser sanado". "Seguro que es por mis pecados". "Dios me está castigando". "No tengo suficiente fe". Esas frases vienen del acusador (el diablo). Si bien es cierto que pecados específicos y no resueltos pueden ser un obstáculo a la sanación (Jn 5,14; Stgo 5,16) pero si esto se ha lidiado en el proceso entonces no es válido este pensamiento o sentimiento. Los que oramos por los enfermos debemos tener mucho cuidado y no sembrar acusación en quien sufre y no es sanado. Cuando alguien repite las frases acusadoras anteriores es porque tiene una falsa imagen de sí mismo. Necesita sanación interior para verse como hija o hijo de Dios. Sin esto verá a Dios lejano y no amorosamente cerca. Es necesario, como ministros de sanación, ayudar a la persona a lidiar con estos pensamientos o sentimientos o creencias para que no se alejen de Dios.

También es cierto que la falta de fe y el escepticismo son un bloqueo a la sanación física (Stgo 5,15; Mc 6,1-6) otro bloqueo es la división, desunión, rencor, relaciones rotas en una comunidad o familia (1 Cor 11,30; Stgo 5,16). Si algo de lo escrito aquí brota en el proceso de oración de sanación es necesario enfrentarlo en Presencia de Dios y en ocasiones, si lo amerita, buscar a personas que hemos herido y pedirles perdón y hasta restituir, siempre que sea posible, lo que hemos dañado. Es la única vía a sanar completamente.

En caso de hacer todo lo anterior y aún así no resultar en una plena sanación, no podemos hacer sentir mal a la persona enferma mal. Debemos hacerle sentir amada(o) por Dios y valorada(o) por Dios. Esto es más importante que todo.

Testimonios de sanación física

Tuve una imagen mental de que alguien con dificultad en su cadera iba a ser sanada. La imagen era de alguien caminando con problemas, pero luego caminaba bien. Esto que te relato ocurrió en un viaje de evangelización en Fort Lupton, Colorado. Esta palabra de conocimiento en forma de imagen mental es como un aviso de Dios para que notemos lo que Él esta haciendo para bendecir a los habitantes de Su Reino.

Cuando lo comuniqué a los presentes (unas 120 personas) y pregunté si alguien se identificaba con lo que veía en mi mente, se levantó una persona con una torcedura corporal muy notable. Al verla me impresioné, pues nunca había visto físicamente a esta persona, pero era exactamente lo que había visto 'en el Espíritu'.

Las palabras de conocimiento son un llamado a la fe, tanto para quien recibe esta 'revelación' como para quien se identifica con lo que se describe. Al ver a la persona frente nuestro nos dimos cuenta que debíamos orar por ella imponiéndole las manos. La invitamos a pasar al frente, lo cual no hacemos mucho en asambleas, pues entonces todo el mundo quiere que 'los del frente' le impongan las manos y en asambleas de gran número esto no siempre es posible.

PERO esta persona necesitaba un tiempo más prolongado de oración. Al pasar al frente le preguntamos su nombre (nos dijo que se llamaba Olga), le preguntamos el tiempo de padecimiento de este mal y le preguntamos si tenía algún tipo de dolor, además de que nos dijera si había sentido algo de parte de Dios al escuchar la descripción en la palabra de conocimiento. Ella nos dijo que al escuchar que describíamos su condición ella sintió mucha paz, calor y que era Dios bendiciéndola. (En ocasiones estos son signos de la acción de Dios y a veces no hace falta ni orar pues la palabra de conocimiento, como viene de Dios, puede sanar inmediatamente).

La sentamos en una silla. Le pedimos permiso de imponer las manos sobre ella (Mc 16, 17-18) y comenzamos a orar tocando su espalda en el lugar que ella decía que le comenzaba la torcedura del cuerpo, hasta su cadera. Ella nos contó que a la edad de tres años le dio polio y esto le causó desde entonces que su cuerpo se fuese deformando; al pasar los años ella iba empeorando y perdiendo movilidad en su cuerpo. Mientras orábamos el Señor nos iba revelando más detalles personales de su vida, lo cual ya no anunciábamos a los demás presentes pues esto era algo privado que Dios quería sanar en ella. (Como comentaba anteriormente para que la sanación fuera definitiva y total había que quitar las raíces que se sumaban a la enfermedad para mantenerla así).

Hemos aprendido a dar órdenes de fe. Estas órdenes no son dirigidas a Dios, más bien son en Nombre de Dios. Decíamos: "En el Nombre de Jesús le ordenamos a los huesos, nervios, músculos de Olga recuperar la originalidad pensada por Dios al crearla. Restáurense en el Nombre de Jesús". Luego de unos minutos de oración los huesos de Olga comenzaron a tronar. Dios, en el poder de Su Espíritu Santo, estaba recolocando los huesos donde debían estar.

Ella estaba muy emocionada, con lágrimas en sus ojos, sintiendo el poder de Dios en su cuerpo. Sanándola. Le invité a ponerse de pie. Nos había dicho al inicio que no sentía dolor, pero que había movimientos que no podía hacer desde niña. Al levantarse de la silla le dije que ejercitara la fe intentando hacer algún movimiento que antes de la oración no podía hacer. (He notado que mucha gente no recibe bendiciones de Dios porque omiten este paso en fe, moverse en el Nombre de Dios. Dios no sana a estatuas.) y ella comenzó a doblarse de un lado a otro. A la izquierda, a la derecha. Para mí nada extraño; pero cuando le pregunté "¿Cuánto tiempo tenías sin poder hacer ese movimiento?" Su respuesta nos impactó: "Tenía 51 años sin poder hacer este movimiento". Su cara de felicidad era indescriptible.

Notamos que estaba mucho menos torcida que al principio. Por ello podía hacer este movimiento sin perder el equilibrio. Le pedimos que se sentara de nuevo y seguimos imponiendo nuestras manos y dándole órdenes de fe a su cuerpo. Hemos aprendido, y aún seguimos aprendiendo, que algunas condiciones y más cuando las personas tienen muchos años padeciendo de algo, es necesario más tiempo de ministración. Sus huesos seguían tronando, ella sentía como su cuerpo iba cambiando bajo el poder de Dios. Nosotros, Irwin (quien me acompañaba) y yo parecíamos niños viendo como nuestro Padre cumple lo que promete.

Luego de unos minutos más le pedimos levantarse de la silla y probar algún otro movimiento que antes no podía realizar. Ella comenzó a levantar y flexionar la rodilla en su pierna izquierda. Nuevamente estaba feliz. Le pregunté: ¿Cuánto tiempo tienes sin hacer ese movimiento?" Responde: "Tenía 14 años sin poder hacer esto, me tenían que ayudar hasta para ponerme los zapatos". ¡Gloria a Dios!

El Reino de Dios está aquí. Actuando poderosamente en los que esperan y se abren como niñitos. Vemos como todo inició con una palabra de conocimiento que nos movió a orar más por una persona. Me imagino cuando Olga llegó a su casa y su familia la vio caminar sin dificultad, casi derecha (no se le quitó la torcedura en su totalidad, pero se fue como un 80% más derecha). Ya no necesitaba que le ayudaran a poner los zapatos, ya no necesitaba ayuda para no perder el equilibrio. Se podía mover con libertad. ¡Gracias Jesús! Estoy seguro que si ella siguió sumergiéndose en fe en la Presencia de Jesús ya debe haber recibido la sanación total, pues lo sucedido allí en tan poco tiempo de oración es un indicativo de que Dios la quería sana totalmente.

Otro testimonio de sanación física, también lo viví en Estados Unindos, específicamente en Miami, Florida. Estuve impartiendo un taller de oración por los enfermos. El taller fue maravilloso. El Señor sanó y activó la fe para orar por los enfermos de muchos. Pero para mí lo más impactante ocurrió camino al aeropuerto.

Las personas que me llevaban al aeropuerto, mis amigos Rafael y Patty, me pidieron detenernos a orar por una persona que por su mala condición física no se pudo trasladar al taller de oración. Gracias a Dios que accedí. Nos desviamos y fuimos a Coral Gables a un antiguo pero precioso edificio de apartamentos.

Cuando subimos al apartamento y nos abrieron la puerta, vimos a la persona sentada en una silla de ruedas en medio de la sala. Nos presentamos, nos acercamos, le preguntamos su nombre. Nos dijo que se llama Maritza. Estaban con ella una hermana consagrada y su esposo.

Le pregunté "¿Qué tiene?". Ella respondió que le habían hecho varias operaciones en la columna vertebral, que tiene metales en la espalda, puestos ahí para ayudarle pero que el dolor no la deja ni pensar, mucho menos caminar. Le pregunté del 1 al 10, cuánto dolor tenía. Siendo 10 mayor y 1 menor. Dijo tener un 7 de dolor.

Le pedí que si podía ponerse un poco adelante para tocar su espalda. Le pregunté si me permitía tocarla. (En el Ministerio que pertenezco siempre pedimos permiso antes de tocar a alguien). Ella dijo que la podía tocar. Los demás se acercaron, la rodeamos y comenzamos a orar. Pedimos al Espíritu Santo manifestar Su Poder y le ordenamos en el Nombre de Jesús a los huesos, metales, nervios tomar su justo lugar y que todo fuese restaurado.

La mano derecha de Maritza comienzó a temblar. Le pregunté si ella estaba moviendo su mano. Ella dijo con su cabeza que no.

Lágrimas comienzaron a correr por sus mejillas. Le pregunté "¿Y el dolor cómo está? Habías dicho 7 ¿Y ahora?" Dijo que ahora tenía como un 4 de dolor. Había disminuido 3 puntos de dolor. ¡Gloria a Dios!

Seguimos dando órdenes de fe a los huesos de la columna, a los nervios y al dolor que desapareciera de su espalda. Le ordenamos a las piernas restaurarse en el Nombre poderoso de Jesús. Oramos en lenguas. Pregunté: "¿Dime del dolor?" Ella dice que sigue igual en cuatro puntos. Me extrañó que no obedecieran a Jesús. He aprendido que cuando los músculos, huesos, dolor no ceden puede haber algo que les esté dando la fuerza para no obedecer. Internamente pregunté al Señor: "¿Qué hago?"

Sentí en mi corazón la palabra RENCOR. Le pregunté a Maritza: "Tiene sentido para tí la palabra rencor? ¿Alguien te tiene rencor o tú le tienes rencor a alguien?" Ella, con lágrimas en sus ojos, dijo que sí con su cabeza. Le dije: "Para que Dios siga actuando debes soltar el rencor y perdonar o pedir perdón ¿Qué decides" Ella dice que PERDONAR.

Volví a ordenar a los huesos, músculos, nervios, metales restaurarse en el Nombre de Jesús. Oramos otro ratito en lenguas y pregunté de nuevo: ¿Cómo está el dolor? Ella respondió: "NO SIENTO DOLOR". Dije: "¡Gloria al Rey Jesús!" En ese momento vi la hora y recuerdo que teníamos que partir. Perder un vuelo es muy caro. Cerramos el momento de oración. Amén.

Nos despedimos y nos fuimos acercando a la puerta y Maritza dijo: "Se van tan pronto". E hizo el gesto de que se iba a poner de pie. Me sorprendí y le dije: "¿Y usted se quiere poner de pie?" Ella se sonrió y sin esperar su respuesta le dije: "Pongase de pie en el Nombre de Jesús". Y Ella se levantó de la silla de ruedas y como una niña que está aprendiendo a caminar dio pasitos hasta donde estábamos. Ella, con alegría en su rostro y lágrimas por sus mejillas, declaró en voz alta: "¡El Señor está aquí!"

¿Como negar la Presencia de Dios en medio nuestro cuando

ocurren estás cosas? Para ella era obvio que Dios estaba cerca. Esto hace falta en nuestras vidas, parroquias y grupos de oración. Gente que se siente lejos de Dios aún estando en la Iglesia no porque Dios esté lejos sino porque no nos lánzamos, ni nos arriesgamos ni nos desviamos de 'nuestra ruta de comodidad' para dejar a Dios actuar.

Termino declarando lo mismo que Maritza: "¡El Señor está aquí!" y le agrego DEJÉMOSLE ACTUAR.

Cómo sanar fisicamente

Aunque en mi libro 'Hablando con la montaña' explico extensamente cómo convertirnos en canales o ministros de sanación y explico allí los pasos que seguimos cuando oramos por sanación por los demás, aquí quiero poner una forma distinta de orar por los demás y además quiero agregar una forma de orar por sanación física por uno mismo.

En el caso de que alguien en tu familia, comunidad o parroquia esté enfermo y te pida oración, sigue los siguientes pasos:

1. Bendice a la persona con la Presencia de Dios: "Ven Espíritu Santo". Espera un ratito. Da oportunidad al Espíritu Santo de actuar y da tiempo a que la persona 'absorba' y reciba lo que Dios está regalandole.

2. Impón las manos: Siempre que sea prudente, toca la parte afectada. Partes privadas no se tocan. (Mc 16,17-18) Tampoco toques si la parte enferma está adolorida. Puedes tomar a la persona de la mano y orar. O ella misma tocar la parte enferma.

3. Habla a la montaña: Es decir dile a la enfermedad o al dolor que se vaya en el Nombre de Jesús. (Mc 11, 22-24) La montaña es una metáfora judía que representa un gran problema.

Dependiendo de la condición que sea, dile lo que quieres que ocurra: "Dolor, en el Nombre de Jesús disminuye hasta desaparecer". "Cáncer, te anulamos. Desaparece en el Nombre de Jesús". "Huesos, músculos, restáurense en el Nombre de Jesús."

4. Observa y sigue lo que Dios está haciendo: Pon atención a lo que Dios está haciendo en el cuerpo de la persona por la que estás orando y bendice lo que sea que Dios esté haciendo. La sanación física en muchas ocasiones es acompañada de manifestaciones del Espíritu Santo (calor, frío, temblor, caer en descanso en el Espíritu, etc.) Pregunta a la persona que está sintiendo y sigue el camino que va trazando el Señor hacia la sanación.

5. Arriésgate: Si sientes que el Espíritu Santo está actuando, pídele a la persona un 'gesto' de fe. Si la persona no se puede mover por ejemplo, puedes pedir que intente moverse. En ocasiones, la sanación viene después de un riesgo de fe. Esto puede desatar la fe de la persona para ser sanado.

6. Señor, ¿qué hago?: En ocasiones se llega como un tope y la sanación no avanza. Es el tiempo de preguntar al Señor y recibir alguna palabra de conocimiento para quitar algún bloqueo que pueda estar causando que la persona no sane (algún pecado no confesado, miedo, algún involucramiento con lo oculto, etc..)

7. Retroalimentación y continuidad: Pregunta a la persona cómo se siente y prueben si hay mejoría o sanación total. Si es necesario ponte de acuerdo para otra sesión de oración para continuar con el proceso de sanación. Algunas condiciones solo sanan con fe perseverante de parte de los ministros de sanación. Si la persona está bajo tratamiento médico, nunca invitar a nadie a dejar al médico, todo lo contrario, el médico podrá confirmar lo que Dios ha hecho.

En el caso de que quieras aprender más sobre esto puedes leer el libro "Hablando con la montaña" (si lees en formato digital lo puedes adquirir en la tienda en https://miguelhoracio.com

Si no encuentras quien ore por ti y tienes alguna enfermedad o dolor en tu cuerpo, te recomiendo seguir los pasos siguientes:

1. Hazlo un hábito: Elige siempre la misma hora del día y si es posible el mismo lugar. Así te vas habituando a recibir de Su Presencia sanadora "a la misma hora y en el mismo canal".

2. Cree en el Poder del Reino de Dios: Recuerda que hay una realidad con mayúscula, es el Reinado de Dios. Su Poder y Su dominio es mayor que cualquier dolor o enfermedad. Enfócate más en el Rey Jesús y no tanto en tu dolor. Si te ayuda, lee Sus palabras en el Evangelio. Cree sus Palabras.

3. Pide y recibe: Pide al Espíritu Santo que incremente Su Poder en el área o parte enferma de tu cuerpo. Espera con fe que el actúe ahí.

4. Imagínate sanado: Mira cómo la luz de Jesús entra en tu cuerpo y restaura lo que no ha funcionado. Adelántate en fe y da gracias a Dios aún antes de percibir resultados. Agradecer es fe en acción.

Citas bíblicas para meditar y orar:

"Jesús tuvo compasión de él; lo tocó con la mano y dijo: Quiero. ¡Queda limpio!" (Marcos 1,41)

"Jesús llamó a sus doce discípulos, y les dio autoridad para expulsar a los espíritus impuros y para curar toda clase de enfermedades y dolencias." (Mateo 10,1)

"Y estas señales acompañarán a los que creen: en mi nombre expulsarán demonios; hablarán nuevas lenguas; tomarán en las manos serpientes; y si beben algo venenoso, no les hará daño; además pondrán las manos sobre los enfermos, y estos sanarán." (Marcos 16,17-18)

"Saben que Dios llenó de poder y del Espíritu Santo a Jesús de

Nazaret, y que Jesús anduvo haciendo bien y sanando a todos los que sufrían bajo el poder del diablo. Esto pudo hacerlo porque Dios estaba con él" (Hechos 10,38)

"Y si el Espíritu de aquel que resucitó a Jesús vive en ustedes, el mismo que resucitó a Cristo dará nueva vida a sus cuerpos mortales por medio del Espíritu de Dios que vive en ustedes" (Romanos 8,11)

Oración:

Padre, te doy gracias por enviar a Jesús con Poder y Autoridad sobre toda enfermedad y dolencia. Gracias por regalarme a alguien que en Su propio cuerpo sufrió para que yo sea sano.

Jesús acepto tu Sangre derramada en la cruz sobre mí. Tu Sangre derramada me limpia de pecado. Tu Sangre es sanadora para mí.

Espíritu Santo, tú creas y restauras. Me envuelves completamente y me sanas para siempre. Ven sana todas las partes de mi cuerpo. Restaura las células de mi cuerpo.

Te doy gracias Dios por tu acción poderosa en mí. Amén.

Preguntas para reflexión individual o en grupo:

1. Según lo leído en este capítulo ¿Qué entiendes por sanación física?

2. ¿Qué aprendiste de las historias bíblicas del enfermo de lepra o del paralítico de nacimiento?

3. ¿Pudiste identificarte en algún aspecto con algo de las historias bíblicas? ¿En qué específicamente?

4. ¿Tienes algún 'Pecado secreto' o 'problema no resuelto' que te pudiera estar obstaculizando a sanar

físicamente?

5. ¿Alguna vez has orado por otra persona para sanar físicamente? ¿Qué aprendiste en esa o esas experiencias?

CAPÍTULO 7
SANACIÓN DE MORIBUNDOS Y RESURRECCIONES

Ejemplos de la Biblia

Nota: Una persona moribunda es un enfermo deshauciado, que se está muriendo o está muy cerca de la muerte. Así también hablo de resurrecciones en vez de resucitaciones para diferenciarlo de lo que pudiera suceder médicamente.

Sanación del criado de un oficial romano (Lc 7, 1-10)

Esta sanación ocurrió en Cafarnaúm, una de las ciudades en que más fe en Jesús había. Vivía allí un capitán romano con un criado a quien estimaba mucho. No sabemos si el criado era judío o romano. Lucas incluye en el Evangelio personas no judías por su carácter misionero. Tampoco sabemos el detalle de si el criado tenía fe en Jesús, lo que sí sabemos es que este capitán estimaba mucho a su criado, era como parte de la familia, y nos dice Lucas que estaba a punto de morir. Recordemos que S. Lucas era un médico de la época; como médico luchaba contra las enfermedades y la muerte.

El capitán oyó hablar de Jesús (v.3), la fe entra por el oír (Rom 10,17); la fe inicia pero también crece cuando nos enteramos de Jesús y sus acciones. Por esto los testimonios son tan importantes. En el relato de Mateo el capitán romano se acerca a Jesús (Mateo 8,5). En Lucas; envía a unos ancianos judíos como intercesores. (v.3) Jesús puede sanar por intercesión de otros o cara a cara con los amigos y/o familiares que tienen la fe para buscar de Él un milagro. Lo impactante para mí de esta sanación fue que se realizó a distancia. Las sanaciones son más efectivas cuando estamos junto al enfermo. Para que una sanación a distancia ocurra no solo basta con el gran Poder de Jesús, para curar sino que se necesita la fe de los que están presentes para que esto ocurriera. He notado que para que una sanación a distancia suceda es necesario una fe firme.

La sanación es un soldado que está a la orden de Jesús. Esta era la fe del capitán. Este hombre sabía lo que es la autoridad. Jesús se quedó admirado de esto. En el versículo 9 habla de que en Israel no había encontrado este nivel de fe. Un moribundo con alguien cerca con este nivel de fe en Jesús abre un amplio canal para la sanación. Jesús le dice que al llegar a la casa todo estaría bien. La sanación ya estaba hecha.

—Vete a tu casa, y que se haga tal como has creído.

En ese mismo momento el criado quedó sano. (Mt 8, 13)

Sanación de Eutico, joven que se cae de un tercer piso (Hechos 20,7-12)

Esta sanación ocurre después de un accidente traumático. Ocurrió de noche y en medio de una prolongada y luminosa celebración eucarística. S. Lucas, escritor de los Hechos de los Apóstoles, estaba presente. Su opinión médica está involucrada en este relato. Estaban reunidos en un tercer piso (v.9). Con muchas lámparas encendidas, S. Pablo se toma su tiempo pues al otro día se iban de allí. Aparentemente había mucha gente y un joven llamado Eutico se sentó en la ventana. Como la reunión duró hasta más de la medianoche (v.7) le entró sueño al muchaho, se durmió y se cayó desde allí.

No hay muchos detalles en el relato. Caerse dormido desde un tercer piso puede resultar en un simple moretón en un brazo o en un golpe traumático en la cabeza que resulte en muerte. Aparentemente esto último fue lo que sucedió. Cayó y se golpeo fuertemente. Se detuvo la reunión de la comunidad. De seguro todos siguieron orando mientras Pablo tomaba al muchacho tendido en el suelo y lo abrazaba orando por él. No sabemos cuánto tiempo duró este abrazo de oración pero sí se nos cuenta el resultado.

—No se asusten; está vivo. (v.10)

"Luego Pablo volvió a subir, partió el pan, comió y siguió hablando hasta el amanecer. Entonces se fue. En cuanto al muchacho, se lo llevaron vivo, y eso los animó mucho." (v.11-12)

Elegí este episodio entre tantos, sabiendo que no nos da muchos detalles, para saber si realmente fue la sanación de un moribundo o la resurrección de un joven recien muerto. Lo hice así pues el Poder del Espíritu Santo para sanar a un moribundo es el mismo Poder disponible para resucitar a una persona muerta.

La muerte como enemigo

"Porque Cristo tiene que reinar hasta que todos sus enemigos estén puestos debajo de sus pies; y el último enemigo que será derrotado es la muerte." (1 Corintios 15, 25-26)

Esto es algo a lo que algunos teologos le llaman "el ya, pero todavía no". Ya Jesús en su persona venció la muerte con Su Gloriosa Resurrección pero Su Iglesia aún lucha contra ella. Yo como misionero evangelizador he vivido esto de muchas formas. Recuerdo en el 2017 cuando recién llegué a Madrid, España; a impartir un taller sobre el ministerio de sanación y el sacerdote que me invitaba me pedía que le acompañara a orar por el hijo de la directora del ministerio de oración de enfermos de la parroquía, quien sufría de un tumor inoperable en su cabeza. Prácticamente fui del aeropuerto a los cuidados intensivos de un hospital, oramos y a pocas horas murió. Fue muy difícil, dar un taller de sanación en medio de una comunidad que acababa de perder a alguien muy querido.

S. Pablo describe a la muerte en el versículo 26 como un enemigo, que aún falta por vencer por el cuerpo místico de Cristo, es decir Su Iglesia. Más adelante contaré testimonios de cómo en otras ocasiones hemos orado por otros moribundos y sí han sanado. Pero soy consciente de que un día ellos morirán y que todos moriremos, pero para luego resucitar. Mientras yo viva he decidido vivir bien, amar bien para bien morir.

La forma en que vivimos y morimos está totalmente conectada a nuestras creencias sobre la vida y la muerte. Según el Antiguo Testamento todos tenemos una hora exacta o un tiempo para morir, incluyendo los animales (Eclesiastés 3,1-2; 19-21; 12,7). Nuestro aliento (espíritu) retornará a su origen. Dios soplará vida en nosotros y nuestros cuerpo serán transformados a una

Miguel Horacio

materia similar a la del cuerpo resucitado de Jesús. Estamos hechos a imagen y semejanza de Dios.

La conectividad entre el pecado y la muerte tiene una lógica bíblica. La muerte es consecuencia del pecado de Adán y Eva (y en ocasiones consecuencia de nuestro propio pecado). Muerte es signo de pecado. Si Jesús no entrega Su vida, no muere. La muerte causa un gran dolor y tristeza, un enemigo que nos separa de seres queridos y nos asusta hasta con la separación eterna con Dios.

Desde antiguo fue profetizado que el Mesías vendría a vencer el pecado, la enfermedad y la muerte (Isaías 25, 6-8) ¿Cómo vencería? Con resurrecciones físicas (Isaías 26,19). Unos para vida eterna plena de Dios y otros para eterna condena. (Daniel 12,1-2). Jesús fue el primer humano que no solo venció la muerte en su propio cuerpo al resucitar sino que en su ministerio enfrentó la muerte no solo en moribundos sino en gente ya muerta, devolviéndoles la vida.

Es cierto que todos tenemos 'un tiempo para morir' como nos dice el Antiguo Testamento; pero el Nuevo Testamento es el Tiempo para vivir. Jesús al traernos Su Reino nos trajo un nuevo tiempo. No sabemos a ciencia cierta de qué o cómo murieron las personas que Jesús resucitó, pero sí sabemos que las resucitó, las regresó a la vida.

Creo que Jesús creció en este Poder para resucitar personas muertas:
1) La primera resurrección que realizó fue la de una niña que acababa de morir (Lc 8,51-56).
2) La segunda resurrección que realizó fue la del hijo de la viuda de Naím. Ya este tenía más tiempo de muerto. 1 día máximo. Ya lo iban a enterrar, camino al cementerio. (Lc 7, 11-17).
3) La tercera resurrección fue la de su amigo Lázaro. Este tenía ya 4 días de muerto. Tenía ya el olor característico de la podredumbre (Jn 11, 1-44).

Se nota una progresión, un crecimiento o incremento de Poder para esto.

Si la muerte hubiese sido una amiga, Jesús no la hubiese vencido. Jesús hubiese dejado a estas personas muertas. Llegó un nuevo tiempo. El Reino de Dios está aquí.

Cómo Jesús venció la muerte

Mi hijo, yo digo medio relajando y medio en serio, es un teólogo. A veces dice cosas que mi esposa y yo nos preguntamos ¿De dónde las saca? Les pongo aquí algo que nos dijo sobre la resurrección del Señor. (Esto ocurrió un Domingo de Resurrección).

– Mario Miguel, ¿te acuerdas que el viernes te dije que recordábamos el día en que Jesús murió en la cruz?
– Sí, me acuerdo y que duró 3 días muerto.
– Exacto, al tercer día resucitó. Pues hoy domingo celebramos Su resurrección.
– Sí, lo que pasó fue que cuando murió el tenía Su cuerpo un poco brillante de luz, y al otro día tenía mucha más luz y al otro día la luz lo cubrió enterito' y explotó de Amor y salió vivo.
– ¡Wow! Es cierto eso.
– Sí, el peleó con los malos y les ganó a todos con Su Luz.
Su madre (mi esposa) y yo nos miramos con ojos de admiración y nos preguntamos de dónde sacó esa historia. Le pregunto:
– ¿Y eso quién te lo dijo?
Con tono de lo más normal del mundo, nos dice:
– Jesús me lo dijo.

En la Homilía que se le atribuye a San Epifanio de Salamina, Obispo leemos lo siguiente:

"El sol de justicia (Mal 3,20), oculto durante tres días, se levanta hoy e ilumina toda la creación. ¡Cristo permanece en el sepulcro durante tres días, Él que existe desde toda la eternidad! Germina como una

viña y llena de gozo al mundo entero. ¡Fijémonos en la salida del sol que no conoce ocaso, despertemos a la aurora y llenémonos del gozo de su luz!

Cristo ha roto las puertas del infierno, los muertos se levantan como de un sueño. Cristo se levanta, Él que es la resurrección de los muertos y viene a despertar a Adán. Cristo, resurrección de todos los muertos se levanta y viene a liberar a Eva de la maldición. Cristo se levanta, Él que es la resurrección y transfigura en belleza lo que no tenía aspecto atrayente (cf Is 53,3) Como de un profundo sueño, el Señor se ha despertado y ha deshecho todas las intrigas del enemigo. Resucita y colma de alegría a toda la creación. Resucita y queda vacía la prisión de los infiernos. Resucita y transforma lo corruptible en incorruptible (1Cor 15,53) Cristo resucita y establece a Adán en la incorruptibilidad, en su dignidad primera.

Gracias a Cristo, la Iglesia viene a ser hoy un cielo nuevo, (Ap 21,1) un cielo más bello que el sol visible. El sol que vemos cada día no tiene comparación con este Sol. Como un siervo, lleno de profundo respeto hacia su amo, el sol del día se ha eclipsado ante aquel que estuvo pendiendo de la cruz (Mt 27,45) De este Sol dice el profeta: "Sobre vosotros, los que honráis mi nombre, se alzará un sol victorioso..." (Mal 3,20) Por Él, Cristo, Sol de justicia, la Iglesia se transforma en cielo resplandeciente de muchas estrellas, nacidas de la piscina bautismal en una luz nueva.

"Este el día que hizo el Señor, hagamos fiesta y alegrémonos en él." (Sal 117,24) llenos de una alegría divina.

El Rey Jesús resucitó para nunca volver a morir. La muerte y sus aliados (pecado, enfermedades y espíritus malos) ya saborearon la derrota.

Los aliados de la muerte llevan a los hijos e hijas de Dios hacia una mentalidad y una realidad de muerte. Jesús nos vino a brindar otra Realidad con R mayúscula: El Reino de Dios.

Una realidad que supera lo que nosotros conocemos como

leyes, sean leyes morales o naturales. Las leyes del Reino de Dios no anulan las leyes que conocemos, pero las leyes del Reino de Dios superan o van por encima, parecería que la rompen o que las saltan; pero la verdad es que son de otro nivel, son leyes superiores como por ejemplo Su Amor y Misericordia.

El Rey Jesús nunca habló de leyes del Reino pero dijo cosas que quedan como entredicho que son leyes. Por ejemplo:

- Un Reino cerrado para quien, como Nicodemo, sabe mucho o quiere saber mucho pero no tiene una fe práctica.
- Un Reino donde todo es posible para el que cree.
- Un Reino donde una fe tamaño 'granito de mostaza' puede mover una 'gran montaña'
- Un Reino en el cual si crees, verás, no al revés (ver para creer).
- Un Reino donde los panes se multiplican, el agua cambia a vino, los huesos torcidos se enderezan y los cánceres desaparecen.

La Resurrección de Jesús es la firma de Dios sobre la humanidad. Jesús inaugura una Nueva Raza humana que nace de la fe en Su Persona. Una raza humana inmortal, poderosa en Dios, capaz de someter hasta a la muerte.

La vida eterna no es una vida sin cuerpo. Actualmente Jesús sigue siendo de carne y hueso. Carne y hueso glorificado, resucitado, transformado. Pero sigue siendo humano. El es el primero de muchos. El es el Salvador de Adán, Eva, tú y yo. Dios sopló Su aliento de vida eterna en Adán y Eva. Esa vida soplada en ellos dependía totalmente de la correspondencia de confianza y fe de ellos con Dios. Si no hubieran pecado ellos hubiesen crecido en esta realidad de Dios, el Reino de Dios. Aún estuviesen vivos y radiantes. A través de su amor con Dios, su obediencia y servicio, el Paraíso, el Reino de Dios se hubiese establecido aquí desde entonces.

La voluntad de Dios se hubiese realizado aquí. El Cielo estaría ya aquí.

Cuando Adán y Eva pecaron no murieron inmediatamente sino progresivamente. Dios nunca quiso o planificó que ellos murieran. La muerte es un intruso en el plan de Dios. Morir no es natural para nosotros, es nuestro enemigo. Nuestros cuerpos, originalmente, fueron diseñados para la eternidad. La muerte es separación, es división y el originador de la separación y la división fue Lucifer cuando se rebeló contra el Dios de la vida eterna. Lucifer fue quien tentó a Adán y Eva para caer en la trampa del pecado y así establecer aquí en la tierra un reino de muerte.

'En Adán' todos morimos. Adán y Eva se han multiplicado, pero ellos han parido 'pecadores'. Personas que confían en sí mismos más que en Dios. Los descendientes de Adán y Eva buscan conocer el bien y el mal aparte o lejos de Dios. El mal, el pecado y sus consecuencias son la realidad que les rodea. Los que viven así, centrados en sí mismos, engañados por Satanás, sin darse cuenta están bajo su dominio y ya viven el infierno en la tierra.

'En Cristo' vivimos para siempre. Cristo Jesús derrotó al diablo y la muerte al resucitar para nunca más volver a morir. Quien confía en Jesús perseverantemente vivirá para siempre. Este nuevo Adán, Jesús y Su Iglesia, paren "santos", que viven eternamente. Los que nacen del agua y del Espíritu crecen progresivamente en esta nueva vida hasta la eternidad. Los hijos de Dios se multiplican con la evangelización, con la proclamación del Reino de Dios. Cuando el Reino de Dios se extienda en toda la tierra y todos los ambientes de esta realidad, será el Cielo en la tierra.

Jesús venció la muerte con su resurrección física. Él es el modelo. Un día nosotros también. Esto gracias al Poder de Su Espíritu Santo en nosotros. Todos resucitaremos, unos para vida eterna con Dios y otros para condenación eterna sin Dios. (Jn 5,28-29).

Los primeros en resucitar seremos los creyentes. Esto será cuando Jesús vuelva al final de los tiempos. (1 Cor 15,22-23;

Apoc 20,4-6; 1 Tes 4, 13-18). Dios reunirá con Jesús a todos los que han muerto en Cristo y sus cuerpos se levantarán de la muerte. Nuestros espíritus (nuestro verdadero ser) retomará cuerpo, pero ahora será un cuerpo eterno como el que tiene Jesús actualmente. Reinaremos con Jesús para siempre, pero no en el Cielo, sino aquí en la Nueva Tierra. Esto fue lo que Dios siempre quiso con Adán y Eva. Será posible gracias a Jesús.

Luego resucitarán los no creyentes para ser juzgados. Para ellos vendrá una segunda muerte. En el fuego eterno de los ángeles caídos y el diablo (Apoc 20,11-15; Mt 25,41). El ser humano no fue diseñado para ir aquí. Quien llega aquí, llega por decisión propia: Ha decidido vivir y morir separado de Dios.

Mientras, tenemos el mandato de Jesús de proclamar que su Reino ya está aquí. Que vayamos a sanar enfermedades en Su Nombre, que oremos por los moribundos para que no mueran y hasta que resucitemos personas muertas en Su Glorioso Nombre.

No era su tiempo para morir

Ya he perdido la cuenta de las veces que 'alguien por ahí' me dice: "Yo oraba por los enfermos pero dejé de hacerlo pues en una ocasión oré con mucha fe por una persona muy querida y aún así murió."

Lo primero es que yo recomiendo iniciarse en el ministerio de sanación enfrentando enfermedades o condiciones más acordes con tu fe. Si tienes poca fe inicia orando por gripes, dolores de uña o de nariz. (Realmente puedes comenzar orando por cualquier tipo de enfermedad pero te recomiendo que no comiences orando por personas moribundas). En fin, comienza por lo poco y luego de ejercitar el 'músculo' de la fe podrás arrancar de las puertas de la muerte a alguno que otro enfermo terminal. Si tienes poca fe inicia orando por gripes

Mal contando, en nuestro ministerio, cuando nos invitan a orar por enfermos terminales, muchos de ellos en cuidados intensivos de hospitales, tenemos un 90% de éxito. Es decir de cada 10 personas que le oramos, 9 salen de su condición de muerte y sólo una persona se nos muere.

Nosotros hemos aprendido a enfocarnos en lo que Dios sí está haciendo y no enfocarnos en lo que no está haciendo. En el caso de que se nos muera alguien, acompañamos con cariño a la familia que perdió a su ser querido, pero no por ello dejamos de orar por otros que necesitan de nuestro ministerio. Nos enfocamos en los 9 que sí sanaron y glorificamos a Dios por ello y no nos quedamos 'enfrascados' en aquel que no sanó. Sanar no es nuestra responsabilidad, eso es responsabilidad de Dios, a nosotros nos toca orar.Para avanzar en el ministerio de sanación enfócate en las personas que sí sanan y no en las que no son sanadas. Además, como decía anteriormente, en el mismo Jesús vemos que este carisma de resucitar muertos (si es que le podemos llamar de esa forma) fue 'in crescendo', es decir, hasta Él lo fue ejercitando poco a poco y fue fortaleciéndose en ello.

Por otro lado tener más o menos un 90% de 'éxito' sacando a gente del borde de la muerte, es el resultado de años orando por los que sufren. Al inicio, no todo nos resultaba. Por ello aconsejo comenzar de poquito a poquito.

En fin, la muerte, por ahora es algo inevitable. En algún momento cuando crezcamos lo suficiente en fe lograremos resucitar muertos. Jesús nos envió a ello. (Mt 10,8). San Pablo dijo 1 Cor 15,26 que: "el último enemigo que será vencido será la muerte". El ministerio de sanación es un misterio, no todo se sabe, es un constante aprendizaje, pero también es una guerra, hay que seguir confiando en Dios, luchando y avanzando. Con fe en Dios en esta promesa suya de que en el ministerio de sanación no solo venceremos las enfermedades sino también la muerte.

Como ya decía en otro capítulo: No me atrevo decir que Jesús sanó a todos los enfermos de su época, pero sí me atrevo decir que todos los enfermos de esa época que se acercaron a Él con fe, fueron curados.

Si miramos los Evangelios vemos que Jessús esperaba que el enfermo se acercara a Él o que los familiares y amigos lo hicieran. En muy pocas ocasiones Jesús era el que se acercaba, el Evangelio de Juan nos cuenta sobre el paralítico junto a la piscina esperando ser curado. (Jn 5). Jesús se acercó y lo curó. Las demás excepciones de Jesús acercándose a intervenir sobre alguien sin que ese alguien se lo pidiese fue cuando estas personas estaban muertas. Aún así vemos que Jairo y su esposa querían que Jesús entrara a su casa y resucitara a su hija. Marta y María también habían enviado a buscar a Jesús antes que Lázaro muriera. Es decir que, Jesús se acercó a resucitar a personas muertas cuyos familiares estaban confiados en Él.

La otra persona que nos testifica en el Evangelio que Jesús resucitó, fue el hijo de la viuda de Naím, Jesús lo hizo por compasión (Lc 7,11 y siguientes). Pero la resurrección más excepcional fue la de Lázaro (Jn 11), el cual ya tenía 4 días enterrado. Olía mal al abrir el sepulcro. Pero la pregunta del millón es ¿Por qué Jesús resucitó a estas personas y no a otras? ¿Por qué no dejó a la hija de Jairo muerta? ¿Por qué no dejó al hijo de la viuda muerto? ¿Por qué no dejó a Lázaro en la tumba?

Pues perdone mi niñada, confieso de nuevo no ser teólogo y que para muchas cosas tengo una fe de niño pero creo firmemente que Jesús resucitó a estas personas pues no era el tiempo de ellos morir. No era el tiempo de que Jairo llorara a su hija, ni de que la viuda perdiese al muchacho, no era el tiempo de Lázaro partir. Para mí no hay otra respuesta. Muchas personas mueren antes de 'su' tiempo porque nadie ora por ellas y otras mueren aunque se ore por ellas porque ya era 'su' tiempo de morir.

Jesús vino a cumplir a perfección la voluntad del Padre. Jesús nunca hizo nada para romper la comunión/voluntad con Dios

Padre. Si la voluntad de Dios era que estas personas estuviesen y permaneciesen muertas, nunca Jesús las hubiera resucitado. Es por ello que creo que mientras el Reino de Dios no se extienda en Su totalidad en esta tierra todos tenemos como dice Eclesiastés 3,2 'un momento para morir'.

En ocasiones oramos por alguien y muere, no porque lo hayamos hecho mal sino porque era su tiempo para morir. PERO en otras ocasiones gente muere porque nadie oró por ella o no oraron lo suficiente sobre esa persona. Recuerda: a nosotros nos toca orar y a Dios le toca obrar. Dios nos dio el mandato de hacerlo (Mt 10,8), sería una desobediencia a su mandato dejar de orar por los que sufren. Ora y Dios obrará. Déjale a Él los resultados.

¿Señor qué quieres hacer en esta persona?

Eclesiastés 3 habla de varios momentos, en realidad la vida misma es una suma de momentos. Allí se nos habla desde el momento para nacer hasta el momento para morir. Se nos habla de un momento para sanar y de un momento para desistir. ¿Cómo saber cuál es el momento para sanar o para desistir? ¿Cómo saber cuándo orar por un moribundo para que sane o para que muera en Cristo? Pues lo mejor que podemos hacer es preguntarle al Señor Jesús: ¿Señor qué quieres hacer en esta persona?

Si el Señor no dice nada, pues oro por su sanación. Pero lo mejor es buscar su guía pues está tan mal dejar morir a alguien antes de su tiempo por falta de oración como orar por alguien que ya es tiempo de partir y no dejarle ir. La Sra. Agnes Sanford, quien dedicó mucho tiempo a orar por enfermos y a formar a otros en esto, cuenta cómo su marido, ya con una enfermedad terminal recibió oración de su comunidad sin ellos haber preguntado al Señor y esto hizo que su marido viviera más tiempo. Agnes sentía que él iba ya a morir pero Dios cedió por la oración de la comunidad; pero ella, que vivió con su marido tanto el tiempo de enfermedad antes de que ellos oraran y el tiempo después que ellos oraron, notó que el después fue peor que el antes. Es decir, no le dejaron ir en su tiempo de morir y lo que vivió después no lo vivió bien. Ella dice que en este tiempo vivía pero su mente estaba en otro lado. Esto fue una señal para todos que en su próxima recaída sería tiempo de orar para que se fuera en la paz de Cristo.

De seguro algunos preguntarán pero ¿Por qué Dios concedió algo que no iba a hacer bien del todo? En el fondo no tengo una respuesta, pero creo que esto se debe a que sí tenemos poder y autoridad como hijos de Dios. Pero aún así debemos unirnos más a Dios para ver qué es lo mejor. Discernir qué es lo que El quiere.

En muchas ocasiones vemos cómo Dios al sanar a un moribundo le da un tiempo más para completar algo inconcluso en su vida. Como cuando Isaías le dijo a Ezequías que pusiera todo en orden para morir pues ya no se iba a sanar de su enfermedad. Ezequías se convirtió y el Señor le concedió una extensión de 15 años más: "Yo he escuchado tu oración y he visto tus lágrimas. Voy a darte quince años más de vida." (Is 38,5)

Cuando estoy orando frente a un enfermo terminal siempre pregunto al Señor: ¿Señor qué quieres hacer en esta persona? ¿Tienes una extensión para esta persona? ¿Hay algo inconcluso en su vida? ¿Es su tiempo para morir o para seguir viviendo? Si no estoy seguro oro en lenguas y dejo todo en las manos misericordiosas de Dios. Si tengo la certeza de que hay una extensión le ordeno a la enfermedad y a la muerte salir.

Vivir bien, amar bien para bien morir

Como Iglesia, nosotros los hijos de Dios, habitantes del Reino de Dios estamos llamados a vivir, a servir y amar de tal modo que defina hasta cómo vamos a morir. Nuestro llamado es a vivir una vida tan unida a Jesús, dador de vida eterna, que un día la muerte no nos pueda tocar. Como pasó aquel día en Egipto, la muerte pasó por las familias donde estaban comiendo del Cordero sin mancha y sus puertas tenían la sangre, la muerte pasó por allí pero no les pudo tocar. Un día nuestra fe e intimidad con Dios será tan fuerte que seremos 'traducidos' o 'trasladados' como le pasó a Enoc, pasó al próximo nivel sin tener que morir.

Ciertamente, para nosotros, el bien morir o el morir en Cristo es la entrada al Cielo. Morir en Cristo es morir habiendo permitido al Señor sanar mi espíritu, mis emociones, mis relaciones, etc...llegar al final de mi recorrido sin capítulos inconclusos. Para nosotros creyentes en Jesús, la vida eterna ya comenzó, entonces la muerte es sólo un momento dentro de esta vida eterna.

Viendo con estos ojos de fe, si hemos discernido que alguien por quien estamos orando le llegó su momento de morir en Cristo, podemos hacer lo siguiente:

1. Orar para que la persona esté sana y libre interiormente: Es como que esté con la ropa de viaje indicada. Una ropa limpia y blanca, sin manchas ni roturas. Si es necesario, buscar a un sacerdote para que haga una confesión. Este es el momento.

2. Desatar, Desligar, Soltar: Ayudar a la persona a dejar en libertad a amigos y familiares que quedan vivos. No irse apegado a nadie ni a nada. Esto puede causar más dolor a quien se queda. Por eso es bueno ayudar a quien va a morir que, como a quien va de viaje, deje preparado toda la ayuda posible a quien se

queda y no va al viaje (propiedades, dinero, perdón, etc). Así como dejar en libertad a la persona para que continúe con su vida.

3. Bendecir: Una práctica muy antigua que vemos en el Antiguo Testamento es la forma en que llamaban a cada miembro de la familia para recibir una bendición final. Ser recordado por la bendición que deja.

Testimonios de sanación de moribundos

Nota: En esta sección de testimonios cuanto quisiera escribir algún testimonio en nuestro ministerio de alguna resurrección, pero aún no lo hemos vivido. De todos modos más adelante escribiré cómo oraría por una persona muerta para que vuelva a la vida en el Nombre del Señor Jesús. Aquí pondré testimonios de personas en cuidados intensivos o personas desahuciadas por lo médicos y sanados totalmente por Jesús.

Le doy gracias al Señor por la extensión que le regaló a mi tío César. Mi tío, el hermano mayor de mi madre, sufrió de cáncer pulmonar. Los médicos en Nueva York, Estados Unidos lograron quitar el cáncer de sus pulmones. Tiempo después mi tío se infectó con una bacteria, que se aprovechó de su debilidad pulmonar después del cáncer. En esta ocasión, los médicos no lograron desinfectarle, la bacteria estaba cada vez avanzando más y a mi tío tuvieron que hospitalizarlo. Esto hizo que otros problemas surgieran, pues al estar tanto tiempo sin caminar y en cama, sus músculos, sus piernas también fueron afectadas. Mis primos me contaban que veían como se iba apagando la vida en éll. En ese año tuve la oportunidad de ir a Nueva York de "vacasterio" (en mi casa le llamamos vacasterio a los viajes en que mezclamos vacaciones y ministerio de evangelización). Fuimos mi esposa y yo, junto a otro matrimonio de mi comunidad a impartir un taller de oración por los que sufren a aquella gran ciudad y luego aprovechamos para visitar a mis primos y ver a mi tío César.

Cuando llegamos al hospital, le pedía al Señor su guía. ¿Señor qué quieres hacer en mi tío? ¿Tienes una extensión para él? Realmente no escuché ni audiblemte ni internamente nada. Sentí que Dios le quería sanar cuando entré a la habitación especializada donde tenían a mi tio. Al verle allí, entubado, sin poder casi hablar, sin fuerzas, sentí una ira hacia la bacteria causante de todo y un Poder y Autoridad para desintegrarla e inyectar a mi tío del Poder regenerador del Espíritu Santo. Con esto percibí la luz verde de Dios para orar por su sanación. Estabamos mi esposa y yo, el matrimonio que nos acompañaba, y algunos de mis primos. Le rodeamos con amor, cantamos, leímos el Evangelio, recordamos cómo el Señor nos mandó a hacer esto. No estabamos ahí por pena o solo por cariño familiar sino obedeciendo a Jesús. El Señor nos inspiró el decirle a mi tío que pensara en Dios como la fuente de su vida ¿Tienes algún lugar en el que recuerdes una experiencia de Dios y al cual quisieras regresar? Nos respondió que sí. Recordó una playa en República Dominicana. Allí sentado experimentó por primera vez el Amor de Dios, Su cercanía. Le pedimos nos la describiera. Se esforzó para hablar pero la vida le iba regresando. Con esta imagen de aquella playa en la mente de todos le ordenamos a la bacteria que en el Nombre de Jesús saliera del cuerpo y se destruyera. Le ordenamos a la vida entrar, detuvimos a la muerte. Bendijimos sus músculos, piernas, articulaciones, pulmones, etc...en menos de una semana a mi tío le dieron de alta. Los médicos no tenían una explicación médica. Sólo podían decir que ya no tenía la bacteria y veían lo bien que estaba. Tiempo después mi tío pudo viajar de nuevo a la Rep. Dominicana e ir a aquella playa a darle gracias al Dios de la vida. Después de aquel momento mi tío vivió unos 5 años más, en esos años muchos capítulos inconclusos fueron cerrados, sanados y mi él bien murió, en Cristo en paz.

Otro testimonio que te quiero compartir es el de una mujer desahuciada por los médicos por el cáncer que le había comenzado en los senos y que se le había regado por toda la caja toráxica. Estaba junto a otro hermano de mi comunidad en San Juan, Puerto Rico. La isla de al lado de mi país. Estábamos en una misión arquidiocesana, fuimos invitados por el arzobispado de esta ciudad. Allí uno de los sacerdotes nos llevó a esta mujer que ya los médicos no le daban nada de esperanza. Recuerdo que era una mujer joven, pero se veía muy mal; no tenía cabellos por el tratamiento que le indicaron los médicos. Cuando comenzamos a orar y poner nuestras manos en sus hombros para bendecirla, Dios nos regaló una imagen mental. Vimos unos planos muy bien detallados y ella sentada en una mesa de diseño haciendo estos dibujos. Es bueno aclarar que no sabíamos nada de la vida de esta persona. Ella nos dijo que trabajaba para una compañía alemana de fabricación de vehículos y que hacía poco le habían ofrecido un nuevo trabajo de supervisión de diseños en esta empresa; pero que por su enfermedad ella estaba pensado negarse el tomar esta nueva posición. Esto nos dio la señal de que Dios la quería sanar, Dios le quería extender su vida y que ella tomara esa nueva posición en aquella empresa. En el Nombre de Jesús le quitamos el permiso al cáncer de seguir dañando la vida de esta persona. Le ordenamos al cáncer obeder a Jesús y autodestruirse. Poco tiempo después recibimos la noticia de cómo a ella, los médicos le quitaron todo el tratamiento, notaron cómo las células cancerosas fueron desapareciendo. Sus tejidos se fueron restaurando. Aceptó su nueva posición en la empresa de vehículos. Es una supervisora de diseños amada y sanada por Dios. El cáncer no tiene poder ante Jesús.

Cómo orar por personas ya muertas

Como te decía anteriormente, ni yo, ni nadie en el contexto comunitario ministerial en el que estoy hemos vivido de primera mano algún caso de resurrección. Pero mi obispo, Monseñor De la Rosa, en varias ocasiones nos recuerda que esto nos falta por realizar en el Nombre del Señor, es un mandato y un reto a nuestra fe en Su Amoroso Poder (Mt 10,8).

Tú y yo estamos llamados a vivir el Evangelio, aunque no hayamos tenido experiencia en la resurrección de muertos, no podemos cerrarnos a ella. No podemos quitar del Evangelio lo que no he vivido. Estamos llamados a vivirlo. Esto a mí en lo personal me lleva a profundizar en la oración, a estudiar cómo Jesús y los primeros discípulos lo hicieron y a leer testimonios de resurrecciones. Ver videos de personas y comunidades que han experimentado esto. Me he convertido en un estudiante de milagros para creer y luego ver.

Es bueno aclarar que para nuestra mentalidad occidental este tipo de sanación es vista como rara y por ende es poco común. La mayoría de los testimonios de resurrección que he leído y visto en videos son de Asia y Africa. Continentes en los cuales la mentalidad y manera de vivir la fe son más abiertos a que esto suceda.

A continuación pongo cómo lo haré cuando me toque la oportunidad de orar por alguien muerto para que resucite:

1. Lo primero es discenir 'el tiempo': ¿Es esto una muerte prematura? ¿Desata esta muerte una tragedia familiar o comunitaria? Según lo que he visto, las resurrecciones ocurren cuando la muerte viene a interrrumpir un proceso claro. Viene como una intrusa. Una enemiga a separar y/o detener el plan de Dios en la vida o a través de la vida de la persona que muere. Este discernimiento desata la fe carismática para el milagro de la resurrección. Esta muerte clama por una intervención de Dios. La familia y/o la comunidad reunida discierne que este no es el momento para esta persona morir.

2. La fe carismática: No es la fe habitual. Es una potencialidad sobrenatural como cuando Pedro caminó sobre el agua ó como cuando María discernió que Jesús haría vino en aquella boda. Solo había que obedecer a Jesús y el milagro ocurriría. La fe carismática para el milagro de la resurrección puede venir por

una santa indignación por la muerte prematura de esta persona o por una compasión sobrenatural ante el suceso.

3. Sensibilidad al Espíritu Santo: Dios es el que debe guiar. Su Poder, Sus palabras, Sus promesas. Su Espíritu es que nos mueve con esta fe.

4. Sensibilidad del 'ambiente/atmósfera' de fe: Este tipo de sanación, más que todas las demás, requiere un ambiente de conectividad con Dios. Debemos, en ocasiones, de cambiar el ambiente al grado óptimo, así como lo hizo Jesús en casa de Jairo. Se rodeó solo de aquellos con la fe para el milagro. En un ambiente óptimo para que alguien sane de la muerte no debe de haber miedo, ni histeria emocional, ni incredulidad en el Poder de Jesús. Una pequeña reunión de fe carismática, cantando canciones que resaltan el Poder y la Autoridad de Jesús en ocasiones es suficiente para cambiar el ambiente y hacer que la oscuridad y la muerte se retiren.

5. Luego viene un 'paso en fe': Un gesto de fe. Un salto de fe. Un paso tipo Pedro hacia el agua. Esto desata el Poder de Dios para que se realice el milagro. Al igual que otras sanaciones, estos actos de fe pueden ser tocar a la persona muerta o hablarle en el Nombre de Jesús. La muerte es echada fuera y a la vida se le llama a entrar de nuevo. Se le manda a la persona a sentarse o a despertar. En una ocasión escuché al P. Dario Betancourt contar cómo soplaron sobre el rostro de una niña muerta y resucitó. Estos gestos de fe, según el Espíritu los inspire, son la piedra de toque, después de esto la persona o vuelve a la vida o se queda muerta. Es el riesgo de la fe. En esto no hay ni una pizca de manipulación, no hay que gritar ni patalear, en esta sanación más que en cualquier otra: o Dios no lo hace o Dios sí resucita a la persona en cuestión.

6. 'Desatarle y dejarle ir': Cuando Lázaro salió, la comunidad tuvo que ayudarle a quitarse las vendas. En otras ocasiones era necesaria comida para reanimar a la persona recién resucitada.

Es bueno ser sensibles a la necesidad del recien regresado a la vida. Si es un niño o niña querrá ver a mamá o a papá. O alguien puede despertar deshidratado y con sed. También unir a esta persona con su comunidad y familia.

7. Por último, a Dios toda la gloria: Ser honestos y transparentes: sólo Dios tiene el Poder de resucitar a una persona muerta. Debemos cuidar la dignidad de quien vuelve a la vida y cuidar que esta sanación lleve los ojos de todos hacia Jesús y no hacia nosotros. No podemos usar este testimnio para 'mercadear' nuestro ministerio o comunidad. Que sea conocido y amado el Nombre de Jesús.

Citas bíblicas para meditar y orar:

"Así como los hijos de una familia son de la misma carne y sangre, así también Jesús fue de carne y sangre humanas, para derrotar con su muerte al que tenía poder para matar, es decir, al diablo. De esta manera ha dado libertad a todos los que por miedo a la muerte viven como esclavos durante toda la vida." (Hebreos 2,14-15)

"Jesús le dijo entonces:
—Yo soy la resurrección y la vida. El que cree en mí, aunque muera, vivirá; y todo el que todavía está vivo y cree en mí, no morirá jamás. ¿Crees esto?." (Juan 11,25-26)

"Porque Cristo tiene que reinar hasta que todos sus enemigos estén puestos debajo de sus pies; y el último enemigo que será derrotado es la muerte." (1 Corintios 15, 25-26)

"Vayan y anuncien que el Reino de los Cielos se ha acercado. Sanen a los enfermos, resuciten a los muertos, limpien de su enfermedad a los leprosos y expulsen a los demonios." (Mateo 10,7-8a)

"Y si el Espíritu de aquel que resucitó a Jesús vive en ustedes, el mismo que resucitó a Cristo dará nueva vida a sus cuerpos mortales por medio del Espíritu de Dios que vive en ustedes" (Romanos 8,11)

Oración:

Padre, venimos de Ti y volveremos a Ti. Tú eres el origen de todo. Eres el originador de la vida. Te doy gracias por enviar a Jesús con Poder y Autoridad sobre la muerte. Su sangre, Su carne dan vida a nuestras vidas.

Jesús, acepto tu Sangre derramada en la cruz sobre mí. Tu Sangre derramada me limpia de pecado. Tu Sangre es sanadora para mí. Tu sangre es vida. Al comer Tu Cuerpo y beber Tu sangre me uno íntimamente a Ti y nada nos separará. Ni la muerte.

Espíritu Santo, eres Señor y dador de vida. Tú estuviste presente en cada resurrección que Jesús realizó. En la resurrección de la hija de Jairo, en la resurrección del hijo de la viuda de Naím y en la de Lázaro. Tu restauraras las células del cuerpo de Jesús. Guíanos a realizar esto mismo en nuestras vidas para la extensión del Reino de Dios.

Te doy gracias Dios por tu acción poderosa en mí. Amén.

Preguntas para reflexión individual o en grupo:

1. Según lo leído en este capítulo ¿Qué entiendes por sanación de moribundos? ¿Qué entiendes por resurrección de personas muertas?

2. ¿Qué aprendiste de las historias bíblicas de este capítulo?

3. ¿Qué es lo que más te llama la atención de este capítulo de sanación de los moribundos o resurrección de personas ya muertas?

4. ¿Tienes algún algún testimonio de sanación de un moribundo ? ¿Cómo era el ambiente de fe antes de que ocurriera el milagro? ¿Estaban los familiares con fe expectante o ya tenían hasta el ataúd comprado esperando que muriera?

5. ¿Alguna vez has orado por una persona ya físicamente muerta? ¿Qué aprendiste en esa o esas experiencias? ¿Qué aprendiste en este capítulo para atreverte a hacerlo?

EPÍLOGO

El tema de la sanación en el Reino de Dios es muy amplio. Está clarísimo que en este pequeño libro no está todo. Aún estoy junto a mis hermanas y hermanos aprendiendo. Si tomamos en serio al Señor Jesús, en su predicación y práctica ministerial vemos que la sanación era algo central y algo que esperaba que fuera algo normal en la Iglesia. Por lo tanto creo que debemos adentrarnos en Su Reino de sanación aunque no lo entendamos o lo abarquemos todo.

Espero que este libro haya servido para entender un poco más y experimentar Su Poder sanador en distintas áreas de nuestra vida. Siempre quedarán interrogantes, pero Dios no es un respondedor de preguntas, es un Papá que abraza a quien se deja abrazar. ¿Por qué no siempre sanan las personas por las que oramos? ¿Por qué no siempre experimento sanación aun cuando la pido con fe? ¿Por qué unos sanan y otras personas muy buenas y santas no sanan? ¿Por qué algunos no sanan totalmente? ¿Por qué al inicio de la Iglesia o mi comunidad había más sanaciones que hoy día?, etc...podría poner aquí todas las preguntas que tengo; pero lo mejor es dejarme abrazar por Dios aunque no me de respuestas. Te recomiendo lo mismo. Déjate amar por Él. No importa tu posición en la Iglesia, lo que importa es la posición de tu corazón.

Realmente no creo que debemos entenderlo y/o abarcarlo todo para orar por los que sufren o experimentar sanación. No creo que necesitemos respuestas exhaustivas para empezar a orar por los que sufren o abrirnos nosotros mismos a la sanación que Dios nos quiere regalar. En ocasiones buscar respuesta es la excusa principal para no creer y actuar en fe. Con esto no quiero decir que conocer, estudiar o entender sea malo. Pero es que después de años orando por personas de distintos países y de sufrimientos de todo tipo me doy cuenta que nunca entenderé y/o abarcaré todo. Nunca conoceré exhaustivamente la sanación que brota del corazón de Dios. Tengo una mezcla; por un lado estoy seguro de lo que conozco del ministerio de sanación de Jesús a través de su Iglesia, pero por otro lado estoy insatisfecho. Quiero más. Mientras más conozco a Dios más le amo y más quiero verle actuar. Confío en que sabré más en el futuro.

Termino con la oración con la que inicié este libro, tomada de una de las cartas de S. Juan: "Querido hermano, pido a Dios que, así como te va bien espiritualmente, te vaya bien en todo y tengas buena salud" (3 Jn 2).

Nota final: Si en algo te puedo ayudar o servir favor escribir a contacto@miguelhoracio.com. También te puedes suscribir a mi blog para recibir prédicas, testimonios y video cursos. Entra a https://miguelhoracio.com/suscribe/ ; recibirás un regalo al suscribirte. En caso que tú y tu comunidad quieran recibir de nuestra parte un retiro, taller sobre sanación favor entrar aquí: https://miguelhoracio.com/predicacion/ Si tienes algún testimonio a raíz de haber leído este libro escribe a: contacto@miguelhoracio.com.

Acerca del Autor

Extraído de https://miguelhoracio.com/sobre-mh/

Dios ha tenido misericordia de mí y me ha hecho testigo de Su Poder. Soy el vivo ejemplo de alguien común y corriente y sin nada de especial, pero que ahora vive una vida sobrenatural en el Espíritu Santo. Jamás me imaginé que alguien como yo podía ser canal de sanación para los demás. (Quizás a ti te pasa igual). Todavía estoy en proceso de transformación.

La intención de este blog es que vivamos en la atmósfera de fe del Reino de Dios y que como ciudadanos de este Reino podamos estar más cerca el uno al otro. Hoy día a través del Internet, podemos romper las barreras de tiempo y espacio. No importa la distancia geográfica, por esta vía podemos estar cerca.

Aquí encontrarás testimonios, entrevistas, enseñanzas, talleres, cursos, etc... Todo esto en un estilo muy conversacional, entendible, claro y te confieso que será desde el corazón, pues compartiré la fe que tengo. No soy un analista teológico, más bien, soy un testigo.

Los temas que hallarás en este blog estarán dentro de los siguientes 4 puntos:

– El Reino de Dios y su Poder

– Bautismo en el Espíritu Santo

– Sanación y Liberación

– Transferencia de Poder

En ocasiones puede que encuentres temas fuera de los 4 puntos anteriores, pero si te interesa el Espíritu Santo y cómo sanar en el Nombre de Jesús este blog es para ti.

Si quieres conocer más sobre mí:

Me apasiona ayudar a las personas a conectar con Dios. Pertenezco a la Comunidad Siervos de Cristo Vivo, fundada por Emiliano Tardif M.S.C., María Sangiovanni y Evaristo Guzmán. Comunidad que tiene una triple vocación: la contemplación, la transformación en Cristo y la evangelización.

Mis amigos me dicen que soy un pensador creativo y visionario atrevido, que tengo una gran capacidad de inspirar a los demás.

Una de mis más grandes prioridades en la vida es ayudar a las personas a encontrarse con Jesucristo y el poder de Su Espíritu Santo. Y que desde una relación de "ojos abiertos y corazón palpitante" con Él, las personas descubran cómo ser canal de bendición para los demás.

Viajando y escuchando a personas de varios países creo que he desarrollado una manera entretenida y a la vez puntiaguda de predicar. Esto lo he hecho ante audiencias de distintos tamaños (grupos pequeños y multitudes). He sido invitado a predicar a: Estados Unidos, Puerto Rico, España, Italia, Portugal, México, Perú, Colombia, Panamá y Costa Rica.

Viajar es una constante en mi vida, esto me ha dado una mentalidad global para compartir con distintas culturas el Reino de Dios.

Tuve mi primera experiencia de Dios en el año 1985, desde entonces he dedicado gran parte de mi tiempo a la evangelización en el Poder del Espíritu Santo. Actualmente reparto mi tiempo entre la evangelización y otros compromisos. (Si quieres saber más sobre cómo evangelizo entra aquí https://miguelhoracio.com/predicacion/).

¿Qué hago con mi tiempo?

En el año 1992 comencé a participar en la Escuela de Evangelización Juan Pablo II, como formador de evangelizadores. Algo que me queda claro es la urgente necesidad de formar a otros para continuar la tarea de extender el Reino de Dios.

Desde 1998 trabajo como asociado en el departamento de distribución de Rayo de Luz, una revista inspiracional de la República Dominicana. También soy parte de la Junta Directiva de esta organización. En el año 2000 comencé a ofrecer conciertos de adoración y grabé un album llamado "Al Estar Contigo". Trabajé en el departamento de Estrategia y Publicidad online de Cumbre Saatchi&Saatchi hasta diciembre del 2016. Actualmente sigo en la Fundación La Buena Noticia en la distribución de la Revista Rayo de Luz.

Estuve involucrado en el ministerio de música varios años, actualmente no estoy participando en conciertos; estoy enfocando mi tiempo en la predicación, sanación y formación. Si aún te interesan las canciones grabadas en aquella época mi último disco se llama "Tres".

Soy adicto a la lectura. Amo la ciencia ficción, me encanta escuchar buena música, así como reír con familiares y amigos alrededor de una deliciosa cena. (Dicen que cocino muy bien). Vivo con mi esposa (se llama Mitzy) y mis hijos, Mario Miguel y Gabriel Horacio en Santo Domingo, República Dominicana. La mayor parte de mi tiempo es de ellos.

Otros libros del Autor

Libro Oración Personal Diaria: El propósito de este libro es ayudarte a comenzar o a perseverar en la aventura de la oración personal. Es una guía práctica, un manual en el cual descubrirás cómo orar con eficacia.

Libro Hablando con la Montaña: Un libro para iniciar en el ministerio de sanación, escrito en un lenguaje fácil y cargado de horas de experiencia orando por los que sufren. Lleno de testimonios edificantes y lineamientos prácticos para que quien lo lea pueda orar por sus amigos y/o familiares enfermos.

Made in the USA
San Bernardino, CA
22 February 2020